Investitionslenkung – Bedrohung der Marktwirtschaft?

Hans Besters ·
Burghard Freudenfeld ·
Gernot Gutmann · Rudolf Henschel ·
Werner Meißner ·
Rainer Thoss · Otto Vogel

Investitionslenkung – Bedrohung der Marktwirtschaft?

div Deutscher Instituts-Verlag GmbH

Alleinvertrieb über den Buchhandel:
Fritz Knapp Verlag
6 Frankfurt (Main), Neue Mainzer Straße 60

Herausgegeben vom Institut der deutschen Wirtschaft

Oberländer Ufer 84–88, Telefon 3 70 43 41

Verantwortlich für den Inhalt:
Dr. Otto Vogel, Dipl.-Kfm. Wolfram Gruhler

Druck: Bercker GmbH, Kevelaer
Titel: Lüderscopy, Köln

ISBN 3-88054-005-5

Inhalt

Seite

Vorwort und Einführung 7

Prof. Burghard Freudenfeld, Direktor des Instituts der deutschen Wirtschaft, Köln

Wirtschaftliche und gesellschaftliche Probleme überbetrieblicher Investitionsplanung 11

Prof. Dr. Hans Besters, Universität Bochum

Argumente für eine überbetriebliche Investitionsplanung 45

Prof. Dr. Werner Meißner, Universität Frankfurt am Main

Ordnungspolitische Aspekte überbetrieblicher Investitionsplanung – Vereinbarkeit mit der Marktwirtschaft 71

Prof. Dr. Gernot Gutmann, Universität Köln

Investitionslenkung aus der Sicht der Gewerkschaften 103

Rudolf Henschel, Leiter der Abteilung Wirtschaftspolitik beim DBG-Bundesvorstand, Düsseldorf

Ansatzpunkte einer systemkonformen Investitionslenkung 125

Prof. Dr. Rainer Thoss, Universität Münster

Die Diskussion im Überblick 149

bearbeitet von Dipl.-Kaufmann Wolfram Gruhler, Institut der deutschen Wirtschaft, Köln

Die Investitionslenkung in der aktuellen politischen Diskussion 183

Dr. Otto Vogel, Geschäftsführer und Leiter der wirtschafts- und sozialwissenschaftlichen Abteilung des Instituts der deutschen Wirtschaft, Köln

Dokumentarischer Anhang 218

1. *Beschlüsse der Jungsozialisten zur demokratischen gesamtwirtschaftlichen Planung und Lenkung auf dem Ordentlichen Bundeskongreß der Jungsozialisten in der SPD in München vom 25. bis 27. 1. 1974* 219
2. *Aussagen zur Investitionslenkung im Zweiten Entwurf eines ökonomisch-politischen Orientierungsrahmens der SPD für die Jahre 1975 bis 1985, verabschiedet vom Vorstand der SPD am 1. 2. 1975* 229
3. *Beschlüsse zur Investitionslenkung auf dem 10. Ordentlichen DGB-Bundeskongreß in Hamburg vom 25. bis 31. 5. 1975* 241
4. *Äußerungen führender DGB-Repräsentanten und Politiker zur Investitionslenkung auf dem 10. Ordentlichen DGB-Bundeskongreß in Hamburg vom 25. bis 31. 5. 1975* 249

Vorwort und Einführung

von Professor Burghard Freudenfeld
Direktor des Instituts der deutschen Wirtschaft, Köln

Ich begrüße Sie in diesem Hause zum Beginn dieses IW-Forums, das wir zum erstenmal unter den Bedingungen und den Absichten eines solchen Programms der offenen und kontroversen Diskussion veranstalten. Dieses Forum des Instituts der deutschen Wirtschaft, das sich mit überbetrieblicher Investitionsplanung befassen soll, ist auch unser erster Versuch, ein schon an anderen Orten erprobtes Verfahren des Gesprächs unter Wissenschaftlern und zwischen Wissenschaftlern und Praktikern zu führen. Wir haben deshalb, wie ich glaube zu Recht, ein besonders wichtiges und dringendes wirtschafts- und gesellschaftspolitisches Thema gewählt, das zwei Tage unter der Beteiligung von Vertretern aus Universitäten, Unternehmen, Banken, Verbänden, des Deutschen Gewerkschaftsbundes und der Publizistik diskutiert werden soll. Der Kreis der Referenten spiegelt dabei in etwa die wissenschaftlichen Strömungen und politischen Standorte wider, die es im Verbund der theoretischen Vorstellungen gegenwärtig an den deutschen Hochschulen gibt. Vor allem möchten wir dabei die wissenschaftlichen Standpunkte auf diesem Gebiet mit den Perspektiven und Erfahrungen der Wirtschaftspraxis konfrontieren, um den Realitätsgehalt, bzw. was noch wichtiger erscheint, den Realisierungsgehalt solcher Vorstellungen zu testen und die Praktiker aus der Wirtschaft mit den Argumenten sowohl der Kritiker wie der Befürworter der Investitionslenkung vertraut zu machen.

Das Thema Investitionskontrolle bzw. Investitionsplanung wird seit etwa zwei Jahren mit wachsender Intensität im wissenschaftlichen, vor allem aber auch im politischen Raum diskutiert. Noch hat es zwar für die praktische Tagespolitik keine unmittelbare Verbindlichkeit erreicht, aber es findet doch zunehmend Eingang in programmatische Vorstellungen, Entwürfe oder Forderungen von Parteien bzw. Parteigruppierungen und insbesondere auch im Bereich der Gewerkschaften[1]). Die Wirtschaft muß dieses Thema unter seinen theoretischen wie unter seinen praktischen Aspekten mehr denn je ernst nehmen, denn es ist, mit welchem Ergebnis auch immer, eine Herausforderung an das ordnungs- und gesellschaftspolitische Leitbild der sozialen Marktwirtschaft in ihrer bisherigen Entfaltung.

Unbeschadet des Diskussionsergebnisses dieses Forums bedeutet und bezweckt Investitionsplanung eine zumindest jetzt noch nicht absehbare Einengung unternehmerischer Handlungsspielräume. Die Frage, die sich deshalb vor allem stellt, lautet, warum plötzlich die Investitionsautonomie der Unternehmen, die natürlich bestimmten Einbindungen durch staatliche Datensetzungen seit je unterworfen ist, Investitions-

---

[1]) S. dokumentarischer Anhang auf S. 218 ff.

und Kapitalströme angeblich nicht mehr effizient zu lenken vermag? Natürlich gibt es auch in diesem System der sozialen Marktwirtschaft Grenzbereiche, die der sorgfältigen Überprüfung der Methoden bedürfen, die in ihnen vernünftigerweise angewendet werden oder angewendet werden sollen. Wobei es keineswegs von vornherein ausgemacht sein muß, daß die Entscheidungen dann jeweils zugunsten größerer Planungen gefällt werden sollten. Es gibt auch triftige Ansätze dafür, daß sich gerade die verstärkte Autonomie der Unternehmen in solchen Grenzbereichen als zweckmäßig erweisen kann. Die Argumente, die nun für eine Einschränkung oder gar Aufhebung der Investitionsautonomie vorgebracht werden, müssen daher einem besonders gründlichen Test unterzogen werden. Zum anderen muß und soll ja auch ein solcher Prozeß der öffentlichen Fremdbestimmung im Investitionsbereich im Sinne seiner Befürworter Rückwirkungen auf die wirtschaftliche und gesellschaftliche Ordnung haben, wenn ihre bisherige Effizienz durch eine erhebliche Einschränkung der Investitionsautonomie begrenzt wird bzw. ein anderer Begriff von gesellschaftlicher Effizienz gemeint ist. Es ist daher notwendig, diese Rückwirkungen, die je nach Lenkungskonzept direkt oder indirekt mit unterschiedlicher Stärke eingreifen, auszuloten. Dabei müssen dann auch die Auswirkungen auf die Instanzen und Organe einer repräsentativen Demokratie und ihrer garantierten Freiräume und Spielregeln beachtet werden. Denn es geht hier nicht mehr nur um die Frage des effizienteren Prozesses im bisherigen Funktionszusammenhang, sondern um eine unter Umständen wesentlich weiter zielende Veränderung der Rahmenbedingungen.

Gewiß, ich kontrastiere jetzt die am meisten entgegengesetzten Positionen und weiß wohl, daß es hier Zwischenstufen gibt und geben soll, partielle Eingriffe und prozedurale Phasenverschiebungen, die den marktwirtschaftlichen Kontext nicht von vornherein in Frage stellen, sondern ihn in für gefährdet gehaltenen Bereichen auf ihre Weise stützen wollen. Dann stellt sich aber die nicht minder schwierige Frage nach der Grenzkontrolle und damit auch die nach der Präzedenzwirkung von partiellen Systemstörungen. Aber das soll ja nun hier in exemplarischen Überlegungen abgehandelt werden. Daß wir in diesem Hause diese Diskussion anregen und zu ihr einladen, soll Ihnen zeigen, daß wir uns diesem für alle unerläßlichen, kritischen Geschäft der Überprüfung wesentlicher Elemente unserer Ordnung in aller Offenheit zur Verfügung stellen.

Wirtschaftliche und gesellschaftliche Probleme überbetrieblicher Investitionsplanung

von Professor Dr. Hans Besters,
Universität Bochum

Sie werden mir sicherlich zustimmen, daß ein Einleitungsreferat einige Fußangeln enthält, weil es verschiedenen Gesichtspunkten gerecht werden soll. Zunächst sind didaktische Interessen zu berücksichtigen. Dann sollen die Ausführungen viele Zuhörer informieren, ohne die Fachexperten zu langweilen. Schließlich müssen alle wichtigen Punkte in der verfügbaren Zeit angesprochen werden, ohne daß die beabsichtigte Diskussion zu kurz kommen darf.

Warum erzähle ich das? Der Grund ist, daß ich Ihnen vorweg eine Vorstellung von einem heterogenen Zielsystem vermitteln will, in diesem Fall von einer Ein-Ebenen-Planung mit divergierenden Zielsetzungen eines einzelnen Entscheidungsträgers. Stellen Sie sich bitte einen Augenblick vor, welches Ergebnis wohl zu erwarten wäre bei einer Mehr-Ebenen-Planung mit heterogener Zielfunktion verschiedener Entscheidungsträger! Gerade das ist für die Praktikabilität bestimmter Modelle der Investitionsplanung von zentraler Bedeutung.

I. Zum Standort überbetrieblicher Investitionsplanung

Der gemeinsame Ansatzpunkt aller Konzepte überbetrieblicher Investitionsplanung ist die Überlegung, daß die Investitionen von heute über Umfang und Art der Güterversorgung von morgen entscheiden. In Programmen zur Wirtschafts- und Gesellschaftsreform nehmen daher Lenkung und Kontrolle der Investitionen eine zentrale Position ein. Zwei Anmerkungen sollen klären helfen, um was es letztlich geht.

(1) Zunächst ist darauf aufmerksam zu machen, daß der private Sektor für Individualgüter einem anderen Abstimmungsmodus unterliegt als der öffentliche Sektor für Kollektivgüter, die entsprechende Investitionen in die materielle und immaterielle Infrastruktur erfordern. Die Eigenart der Kollektivgüter besteht im Wegfall des sog. Ausschlußprinzips: Keiner kann sie ausschließlich für sich kaufen und exklusiv konsumieren, ohne daß andere daran partizipieren und nichts dafür bezahlen. Mit der mangelnden Zurechenbarkeit entfällt auch die marktwirtschaftliche Steuerung dieser Investitionen über Wettbewerb und Haftung; sie sind immer schon öffentlicher Planung durch die Gebietskörperschaften unterworfen gewesen. Planungsfehler und Versorgungsengpässe sind allein ihnen anzulasten.

Die Infrastrukturplanung tangiert grundsätzlich nicht unsere Wirtschafts- und Gesellschaftsordnung. Wer hätte schon etwas dagegen, öffentliche Investitionen rationeller zu planen? Die Problematik der Investitionsplanung beginnt erst dort, wo die öffentliche Planung auf den privaten Sektor übergreift[1]).

(2) Im wesentlichen werden mit der Ausweitung der Investitionsplanung strukturpolitische und gesellschaftspolitische Ziele verfolgt[2]). Nun wird kaum jemand leugnen können, daß gerade diese auch Gegenstand unserer derzeitigen Wirtschafts- und Gesellschaftsordnung sind: Hauptaufgabe des Wettbewerbs ist die strukturelle, nämlich die Zusammensetzung und der Aufbau der Produktion gemäß den Käuferpräferenzen mit gewissen strukturpolitischen Korrekturen, und die Entscheidung für die Marktwirtschaft ist nur aus gesellschaftlichen Grundwerten – wie persönliche Freiheit, soziale Gerechtigkeit, wirtschaftliche Leistungsfähigkeit – ableitbar. Es müssen demnach abweichende struktur- und gesellschaftspolitische Ziele sein, die mit mehr Investitionsplanung verfolgt werden.

- Der autonomen Entscheidung der letzten Wirtschaftseinheiten – Haushalte und Unternehmungen – wird die Ausrichtung der Produktion an „gesellschaftlichen Bedürfnissen", z. T. noch spezieller an „arbeitsorientierten Interessen" entgegengesetzt;

---

[1]) Sofern man einmal von der ungebührlichen Ausweitung des öffentlichen Sektors auf Kosten des privaten absieht.

[2]) Einige Autoren sprechen auch von stabilitätspolitischen Zielen. Wie solche mit der Investitionsplanung erreicht werden sollen, bleibt angesichts der Tatsache, daß es sich um inflationäre Interventionszyklen handelt, die die offizielle stop and go-Politik zu verantworten hat, unerfindlich.

– der einseitigen Bestimmung der Investitionen durch kapitalbestimmte Profitinteressen wird als Erfordernis die „gesellschaftliche Legitimation“ nach einem bestimmten Demokratieverständnis entgegengehalten.

(3) Für den Standort der beabsichtigten Investitionsplanung ist somit entscheidend, ob diese den privaten Sektor einschließt, zumindest aber auf diesen übergreift und – wenn ja – welche struktur- und gesellschaftspolitischen Ziele im einzelnen mit ihr verfolgt werden. Bis zu einem gewissen Grade dürften damit auch die ordnungspolitischen Meinungsverschiedenheiten unter den Verfechtern bestimmter Planungserfordernisse zusammenhängen, mit denen ich mich aber nicht weiter zu beschäftigen habe: Während eine Gruppe unsere Wirtschafts- und Gesellschaftsordnung prinzipiell bejaht und sie beibehalten möchte, sieht die gegnerische Gruppe die Investitionsplanung als Mittel der Systemüberwindung an.

II. Modelle überbetrieblicher Investitionsplanung

Der Terminus überbetriebliche Investitionsplanung wird im folgenden als Oberbegriff für drei Modelle der Einflußnahme auf bzw. der Umstrukturierung von Investitionen verwandt, für

– die indirekte Investitionslenkung,
– die institutionelle Investitionsabstimmung,
– die direkte Investitionskontrolle.

1. *Zur indirekten Investitionslenkung*

Der hier zu behandelnde Grundtyp umfaßt eine Reihe von Vorschlägen zur Beeinflussung privater Investitionen, die von Vertretern wie Gegnern häufig als marktkonform bezeichnet werden und für die sich der Begriff „indirekte Investitionslenkung" eingebürgert hat. Dieser Terminus deutet an, daß die Investitionsfunkion, damit auch die Unternehmungsautonomie (bei unverzichtbarer externer Kontrolle) grundsätzlich erhalten bleibt und die Investitionsentscheidungen nur indirekt im Wege entsprechender Beeinflussung der ihr zugrundeliegenden (einzelwirtschaftlichen) Variablen gelenkt werden sollen. In dem durch die Rechtsordnung gesetzten Rahmen bleiben die privaten Investitionen weiterhin dem Markt und dem Wettbewerb überlassen, während Art und Umfang öffentlicher Investitionen durch den Staat vorausschauend und unter Berücksichtigung des gewünschten Versorgungsgrades mit Kollektivgütern geplant werden.

Innerhalb dieser ersten Gruppe kann man die einzelnen Vorschläge danach unterscheiden, ob sie primär auf die privaten oder primär auf die öffentlichen Investitionen abstellen. Das wird deutlich, wenn man die Beiträge von Schlecht, Noé und Ehrenberg zugrundelegt.

(1) Grundsätzlich gilt, was Schlecht so formuliert hat:

– Erstens die *„Erhaltung und Verbesserung der gegenwärtigen Wirtschafts- und Gesellschaftsordnung"*,

– zweitens die *„Sicherung eines sozial und ökonomisch asugewogenen Produktions- und Verteilungsprozesses unter Berücksichtigung ausreichender Kollektivgüter für Gemeinschaftsaufgaben“[3])*.

Wenn Schlecht sich aber grundsätzlich auf die Verbesserung von Wettbewerbsgesetzgebung und Globalsteuerung beschränkt, muß er wohl für die Infrastrukturinvestitionen einen ex post-orientierten Ansatz im Auge haben, bei dem die staatlichen Investitionen korrespondierenden Charakter haben und mittelbar durch Marktimpulse gesteuert werden.

(2) Ausgangspunkt von Noés Konzept einer „selektiven Angebotssteuerung“ ist die Überlegung, daß der Staat schon lange bewußt oder unbewußt strukturwirksame Maßnahmen ergreift, ohne daß ein geschlossenes Konzept für die staatliche Strukturpolitik vorläge.

Er wendet sich *„gegen eine unmittelbare Planung der Wirtschaft durch den Staat ebenso wie gegen naive voluntaristische Schwüre auf Strukturpolitik als Therapie für Opfer der Sozialen Marktwirtschaft“[4])*.

Der Absage an den Punktualismus und der Forderung nach Durchforstung der Strukturpolitik würden sicherlich konsequente Vertreter der Marktwirtschaft

---

[3]) Otto Schlecht: Investitionssteuerung über den Markt oder über Wirtschaftsräte, in: M. Krüper (Hrsg.), Investitionskontrolle gegen die Konzerne? Reinbek 1974, S. 28.

[4]) Claus Noé: Selektive Angebotssteuerung in der Marktwirtschaft, Die Neue Gesellschaft, 21. Jg. (1974), S. 546.

uneingeschränkt zustimmen, wenn Noé nicht in seinem Dreistufenplan numerische Branchenwerte als Ergänzung der Globalsteuerung, die ja nur mit Globalwerten arbeitet, für die Strukturpolitik verlangen würde. Als Ergebnis schwebt Noé ein vervollständigter Jahreswirtschaftsbericht vor, der auch die mehrjährigen staatlichen Investitionsprogramme umschließt. Ob weiterhin den Gebietskörperschaften nur die öffentlichen Investitionen oder aber die öffentlichen mit den privaten Investitionen in Umfang und Struktur verzahnt werden sollen, läßt er allerdings offen.

(3) Für die privaten Investitionen ist auch Ehrenberg der Meinung, daß *„alle bisher erdachten oder auch erprobten Planungsmodelle ... den Markt mit reagiblen Preisen nicht ersetzen (können)“*[5]. Die privaten Investitionen sollen also weiterhin der Steuerung durch Markt und Wettbewerb unterworfen sein. Aber Ehrenberg weist deutlicher als Schlecht und Noé auf mögliche Gefahren der privatwirtschaftlichen Orientierung der Investitionen hin und führt als Beispiele die Diskrepanz zwischen der Versorgung mit Konsumgütern und komplementären öffentlichen Leistungen sowie die Umweltgefährdung an. Im Zentrum seines Vorschlages steht ein langfristiger Bundesentwicklungsplan, der neben der Abstimmung der Investitionsgrößen im öffentlichen Sektor auch Eckwerte als Orientierungshilfen für Investitionsentscheidungen im privaten Sektor enthält.

[5]) Herbert Ehrenberg: Möglichkeiten gezielter Investitionslenkung, Die Quelle (Funktionärszeitschrift des DGB) 24. Jg. (1973), S. 394.

Sein Konzept beschränkt sich demnach nicht nur auf den verstärkten Ausbau und eine effizientere Planung des öffentlichen Sektors; die sektoralen Prognosen und Orientierungsdaten für die Privatwirtschaft laufen de facto auf die indikative Branchenplanung nach französischem Muster hinaus.

(4) Fazit: In bezug auf die zu planenden Bereiche werden bei allen drei Autoren unterschiedliche Schwerpunkte sichtbar.

- Schlecht will die privaten Investitionen einem intensiveren Wettbewerb aussetzen und macht keine detaillierten Ausführungen über die öffentlichen Investitionen, wenngleich diese sicherlich auch seiner Meinung nach einer verbesserten Planung bedürfen.
- Noé will mit seiner selektiven Angebotssteuerung hauptsächlich Wirtschaftszweige außerhalb der Marktwirtschaft erfassen und beläßt es mit dem Hinweis der notwendigen Einordnung staatlicher Reform- und Ausgabeprogramme in den gesamtwirtschaftlichen Ressourcenrahmen.
- Ehrenberg vertritt das Defizit an Gemeinschaftsgütern und verlangt außer einem größeren Staatsanteil eine indikative Strukturplanung für alle Sektoren der Volkswirtschaft.

Soweit die öffentliche Planung auf den privaten Sektor übergreift, stellt sich das Verzahnungsproblem zwischen privaten und öffentlichen Investitionen, das die Unternehmungsautonomie in Abhängigkeit von dem verbleibenden Rahmen für einzelwirtschaftliche Entscheidungen tangiert.

2. *Institutionelle Investitionsabstimmung*

Unter dieser Rubrik sind zwei Vorschläge aufzuführen und zu charakterisieren, die die Unternehmungsautonomie insofern beschränken, als die Investitionsabstimmung neuen Institutionen (außerhalb staatlicher Zuständigkeit) übertragen werden soll.

- Einerseits wird die Umstrukturierung privater Investitionen in Verbindung mit der Forderung nach gesamtwirtschaftlicher Mitbestimmung gebracht. Die neue Institution sollen paritätisch besetzte Wirtschafts- und Sozialräte sein.

- Zum anderen wird eine Investitionsabstimmung für Märkte mit homogenen Massengütern verlangt. Die neue Institution sind hier Branchenausschüsse mit unterschiedlicher Gruppenbesetzung.

(1) Das Grundsatzprogramm des DGB von 1963 läßt den institutionellen Ansatz noch nicht erkennen. Dort wird zwar die Investitionslenkung als Mittel der Wirtschaftspolitik aufgeführt, um Fehlentwicklungen, insbesondere Arbeitslosigkeit und die Nichtausschöpfung von Wachstumsmöglichkeiten, zu vermeiden; die für erforderlich gehaltene differenzierte Investitionssteuerung soll sich jedoch auf indirekte Mittel beschränken, *„z. B. durch gezielte steuerliche und kreditpolitische Mittel oder durch Änderung der Abschreibungsbedingungen erfolgen“*[6]*)*, wenngleich

---

[6]) Grundsatzprogramm des Deutschen Gewerkschaftsbundes, zitiert nach: G. Leminsky/B. Otto (Hrsg.), Politik und Programmatik des Deutschen Gewerkschaftsbundes, Köln 1974, S. 51.

auch laufende Bedarfs- und Nachfrageschätzungen für ausgewählte Wirtschafts- und Industriezweige vorgeschlagen werden, um auf diese Weise Orientierungsdaten für die privatwirtschaftliche Investitionstätigkeit zu gewinnen.

Der institutionelle Ansatz taucht erst in einem Papier des Bundesausschusses des DGB auf, das 1971 verabschiedet wurde. Als Organ einer gesamtwirtschaftlichen Mitbestimmung, die sicherstellen soll, *„daß die Interessen der Arbeitnehmer zum Bestandteil einer vorausschauenden und planmäßigen Wirtschaftspolitik werden"*, soll ein Bundeswirtschafts- und Sozialrat mit entsprechenden regionalen Untergliederungen eingerichtet werden[7]), der paritätisch mit Vertretern der Arbeitgeber- und Gewerkschaftsseite besetzt werden soll. Zu seinen Aufgaben soll u. a. auch die kooperative Investitionsabstimmung gehören, die 1974 auf dem Gewerkschaftstag der IG Metall durch deren Vorsitzenden gefordert worden ist.

(2) Während dem Bundeswirtschafts- und Sozialrat ein gesamtwirtschaftlicher Interessenausgleich und neuerdings eine gewisse Akzentuierung in Richtung auf Investitionsabstimmung aufgegeben ist, geht es den Vertretern der Investitionsplanung durch Branchenausschüsse primär um die Vermeidung sektoraler Überproduktionen auf oligopolistischen Märkten mit homogenen Massengütern. Als Ursache für diese

---

[7]) Mitbestimmung im gesamtwirtschaftlichen Bereich, zitiert nach G. Leminsky/B. Otto (Hrsg.), Politik und Programmatik . . ., a.a.O., S. 147.

Krisen wird die unkoordinierte Investitionspolitik der Unternehmungen angeführt.

Hauptverfechter dieser begrenzten Zielsetzung ohne erkennbare gesellschaftliche Reformabsicht ist Krüper[8]) von der IG Chemie, wenngleich auch Sölter[9]) vom BDI ähnliche Grundgedanken entwickelt hat. Beide gehen von der obligopolistischen Reaktionsverbundenheit bei homogenen Massengütern aus, die – ähnlich wie beim altbekannten Schweinezyklus – dazu führt, daß es bei entsprechenden Marktimpulsen nach Ausreifung der Investitionen zu einer sprunghaften Erhöhung der Kapazität mit anschließendem Preisverfall kommt. Die Krise könnte nur verhindert werden, wenn die Investitionspolitik der einzelnen Unternehmungen aufeinander abgestimmt würde. Dazu werden sektorale Branchenausschüsse vorgeschlagen, die bei Krüper drittelparitätisch mit Vertretern der Arbeitnehmer, der Arbeitgeber und der öffentlichen Hand besetzt werden, bei Sölter hingegen auf Unternehmungsvertreter beschränkt bleiben sollen.

(3) Fazit: Beide Ansätze suchen das Heil in institutionalisierten Kooperationsmodellen, die in einem Fall die Berücksichtigung von Arbeitnehmerinteressen bei Investitionsentscheidungen gewährleisten, im anderen Fall branchenspezifischen Interessen dienen

8) Manfred Krüper: Sektorale Investitionslenkung in der Aluminium- und Chemiefaserindustrie, Gewerkschaftliche Monatshefte, 24. Jg. (1973), S. 774 ff.

9) Arno Sölter: Investitionswettbewerb und Investitionskontrolle, FIW-Schriftenreihe, Heft 64, Köln 1973.

sollen. In beiden Modellen fehlen Aussagen über die Behandlung öffentlicher Investitionen.

3. *Zur direkten Investitionskontrolle*

Charakteristikum der direkten Investitionskontrolle ist der gesellschaftspolitische Bezug. Deshalb könnte man sie auch als „gesellschaftliche" Investitionskontrolle bezeichnen. Drei Konzepte sollen kurz skizziert werden, das von Meißner/Wieczorek/Zinn, das von Steger und das der Jungsozialisten.

(1) Aufhänger für die Umstrukturierung der Investitionen sind bei Meißner/Wieczorek/Zinn die „gesellschaftlichen Bedürfnisse". An ihnen soll die Produktionsstruktur ausgerichtet werden. *„Investition nach Maßgabe des Profitmaximierungsprinzips muß mittelfristig ersetzt werden durch das Prinzip gesellschaftlicher Produktionslenkung."*[10])

Um dieses Ziel zu erreichen, sind folgende Stufen zu beachten:

– In einer langfristigen Prognose wird die Bedarfsentwicklung in Komplementärgüterkomplexen (die private Konsum- zusammen mit öffentlichen Komplementärgütern umfassen) vorausgeschätzt. Private und öffentliche Investitionen werden also „gebündelt" zu erfassen versucht.

---

[10]) Meißner/Wieczorek/Zinn: Veränderung der Machtverhältnisse und Verbesserung der Lebensqualität, in: Die Neue Gesellschaft, 20. Jg. (1973), S. 58.

- Sodann werden Prioritäten mit Hilfe einer Bedarfsrangskala festgelegt, an deren Spitze der individuelle Grundbedarf, gefolgt vom öffentlichen Grundbedarf, steht. Nach dem gehobenen Individualbedarf und öffentlichen Zusatzbedarf folgen schließlich der private Luxusbedarf und die Leistungsbilanzüberschüsse.

- Es wird ein Investitionskontrollamt verlangt, das – mit Ausnahme von Bagatellfällen – an Hand bestimmter Kriterien auf der Basis der gültigen Bedarfsrangskala Investitionsgenehmigungen zu erteilen bzw. zu versagen hat.

(2) Steger geht von den „arbeitsorientierten Interessen" aus. Jedoch weist die von ihm vertretene Kernplanung eine andere Qualität als die DGB-Rahmenplanung auf: Über den öffentlichen Sektor hinaus, in dem Volumen und Struktur der Investitionen sowieso zentral geplant werden, soll für den privaten Bereich folgende Alternative gelten: entweder eine Zentralplanung für bedeutsame Sektoren im Hinblick auf die angestrebte Wirtschaftsstruktur oder eine Zentralplanung der Investitionen der 500 größten Unternehmungen[11]). Die Investitionen der übrigen Wirtschaft sollen unter Beschneidung der Selbstfinanzierungsmöglichkeiten über den staatlich kontrollierten Kreditapparat gesteuert werden.

(3) Die Jungsozialisten fassen *„Planung als Negation des Kapitalismus"* auf. Außer der Vergesellschaftung

---

[11]) Ulrich Steger: Ökonomische Probleme der Investitionslenkung in der Marktwirtschaft, Wirtschaftsdienst, Jg. 53/1973, S. 508 ff.

der Großunternehmungen und des Kreditapparates fordern sie eine direkte Investitionskontrolle im Rahmen eines verbindlichen, gesamtwirtschaftlichen Investitionsplanes, der alle öffentlichen und privaten Investitionen in sektoraler Aufgliederung enthält[12]). Sie streben damit die Systemüberwindung an.

Der imperative gesamtwirtschaftliche Investitionsplan, der seinerseits wieder integrierter Bestandteil der längerfristigen volkswirtschaftlichen Gesamtplanung sein soll, kann ihrer Meinung nach nur bei Vergesellschaftung der Großunternehmungen und des Kreditapparates durchgesetzt werden. Andernfalls wären selbst Maßnahmen direkter Investitionskontrolle zum Scheitern verurteilt.

(4) Fazit: Bei allen drei Konzepten wird die Endnachfrage als solche sowie der von ihr bestimmte Produktionsaufbau nicht mehr hingenommen. Kernstück ist vielmehr die Umstrukturierung der Investitionen nach gesellschaftlichen Gesichtspunkten, was immer man darunter verstehen mag. Das Problem liegt demnach in der Anpassung der privaten Nachfrage an das „gesellschaftlich" erwünschte Produktionsergebnis.

- Meißner/Wieczorek/Zinn glauben, dies dadurch bewerkstelligen zu können, daß sich die Parteien mit alternativen Bedarfsrangschemata zur Wahl stellen; die Rangskala des Wahlsiegers soll dann

[12]) Beschluß ‚Demokratisierung der Wirtschaft', in: Bundesverband der Jungsozialisten in der SPD (Hrsg.), Beschlüsse – Ordentlicher Bundeskongreß der Jungsozialisten in München, 25.–27. 1. 74, Bonn 1974, S. 16 ff.

legitimiert sein, verwirklicht zu werden. Offensichtlich finden sie nichts dabei, daß die differenzierte Bedarfsstruktur und das von ihr bestimmte Räderwerk einer unübersehbaren Vielzahl von Produktionsprozessen auf einige wenige Kategorien zusammengeschnitten werden muß.

- Bei Steger werden die Marktkräfte in ihrer Bedeutung für den Strukturaufbau de facto ausgeschaltet. Bei einseitiger Angebotsorientierung wird die erwünschte Produktionsstruktur durch eine strategische Kernplanung, verbunden mit einer verstärkten staatlichen Einflußnahme auf die Kreditvergabe, verwirklicht, ohne daß die Nachfragepräferenzen berücksichtigt werden.

- Das reicht den Jungsozialisten nicht aus. Sie wollen absolut sichergehen auf dem vorgefaßten Weg, was, wo und wieviel für die Nachfrage produziert werden darf. Damit das kapitalistische Verwertungsinteresse tatsächlich durchbrochen wird, müssen die direkten Kontrollen mit entsprechender Stoßkraft durch Vergesellschaftung zentraler Bereiche der Wirtschaft versehen werden.

III. Wirtschaftliche und gesellschaftliche Probleme überbetrieblicher Investitionsplanung

Wenngleich ich mich auf wirtschafts- und gesellschaftspolitische Probleme zu beschränken habe, möchte ich vorweg betonen, daß die technischen Probleme für mich ebenso bedeutsam sind: Über das Instrumentarium und die Praktikabilität überbetrieblicher Planung schweigt man sich entweder aus oder entwickelt äußerst naive Vorstellungen.

- Wenn Input-Output-Tabellen als Strukturmodelle durch Einbeziehung einer Zielfunktion zu einem Optimierungsmodell umgeformt werden, so setzt das nicht nur einen Konsens über die zu berücksichtigenden Einzelziele, sondern auch ihre Quantifizierbarkeit voraus. Der Rückgriff auf eine allgemein verbindliche Wohlfahrtsfunktion ist in einer pluralistischen Gesellschaft ebenso abwegig, wie die bisherigen Bemühungen um sog. Sozialindikatoren enttäuschend sind – ganz zu schweigen davon, daß die „Optimalität" theoretisch nur im Hinblick auf eine simultane Gesamtplanung, nicht aber bei einer sukzessiven Mehr-Ebenen-Planung gesichert wäre.

- In bezug auf die Praktikabilität überbetrieblicher Investitionsplanung sind die Probleme der Informationsbeschaffung und Informationsverarbeitung keineswegs zu bagatellisieren. Zudem müssen klare und eindeutige Beurteilungskriterien für das Genehmigungsverfahren entwickelt werden, um Willkür und Rechtsunsicherheit zu vermeiden. Schließlich können technische Neuerungen an mangelnder Anpassungsfähigkeit der Bürokratie scheitern, wenn einzelne Unternehmungen neue Entwicklungen früher erkennen und in ihrem Investitionsverhalten antizipieren wollen.

Angesichts dieser und ähnlicher Probleme ist es unverständlich, daß man dem Instrumentarium und der

Praktikabilität überbetrieblicher Planung eine so geringe Bedeutung beimißt.

1. *Wirtschaftliche Probleme*

Es soll einmal unterstellt werden, die technischen Probleme überbetrieblicher Planung seien gelöst. Welche Probleme ergeben sich dann im wirtschaftlichen Bereich? Hier sollen drei kurz skizziert werden.

a) Verzahnung konkurrierender Abstimmungsprinzipien

Auch in unserer Wirtschaftsordnung bestehen Markt und Plan nebeneinander: Individualgüter unterstehen Markt und Wettbewerb, Kollektivgüter unterliegen öffentlicher Planung. Insofern ist unsere Ordnungsstruktur „dualistisch". In Zentralverwaltungswirtschaften ist sie hingegen „monistisch". Dort wird eine durchgängige Planung praktiziert, die Kollektivgüter wie Individualgüter einschließt. Demnach gibt es zwei bewährte Lösungsansätze,

- Beschränkung zentraler Planung auf den öffentlichen Sektor unter Verselbständigung des privaten Sektors,

- Verabsolutierung zentraler Planung und ihre Ausdehnung auf die gesamte Güterproduktion.

Unter Ausklammerung dieser „reinen" Ordnungstypen bedeutet die Forderung nach überbetrieblicher

Investitionsabstimmung, die Planung des öffentlichen auf den privaten Sektor auszudehnen, wo sie mit der Unternehmungsautonomie im Rahmen externer Kontrolle rivalisiert. Das Problem liegt dann in der Überlappung zweier im Prinzip unvereinbarer Abstimmungsmodi[13]). Es ist dann die Frage zu beantworten, wie das Problem einer Mehr-Ebenen-Planung bei divergierenden Zielsetzungen unterschiedlicher Entscheidungsträger zu lösen ist, mit anderen Worten, wie die beiden konkurrierenden Abstimmungsmodi zu verzahnen sind.

(1) Werden z. B. bei indirekter Investitionslenkung die Grundzüge einer auf Gemeinschaftsbedarf angelegten Strukturpolitik – etwa in einem Bundesentwicklungsplan – festgelegt, sollen aber dennoch die Investitionen letztlich durch Konsumentenpräferenzen gesteuert werden, so ergibt sich ein Dilemma, denn die Abstimmung von Angebot und Nachfrage kann nicht gleichzeitig überbetrieblicher Planung einerseits und dem Wettbewerb andererseits unterworfen werden. Im Interesse der gewünschten Strukturpolitik kann die Unternehmungsautonomie offensichtlich nur so lange geduldet werden, wie durch sie die Zielsetzungen der Staatsebene nicht gefährdet werden. Der Staat kann nun versuchen, durch Ent- und Belastungen die Unternehmungen dazu zu bringen, daß sie durch ihre am Gewinnziel orientierten Entscheidungen auch zur Zielrealisierung des Ge-

[13]) „Jede der beiden Lenkungsformen ... hat ... ein Maß. Mischt man beide Lenkungsformen, so droht die Gefahr, daß beide Maße unbrauchbar werden." (H. Meinhold: Wer soll wo wieviel investieren?, Wirtschaftswoche, Jg. 27/1973, Heft 49, S. 71).

meinschaftsbedarfs beitragen. Abgesehen davon, daß die finanziellen Aufwendungen für Anreize so erheblich sein können, daß der Staatshaushalt stark belastet wird, sind auch die Alternativkosten zu berücksichtigen. Da das Zielsystem auf Staatsebene nicht ein-, sondern mehrdimensional ist, müssen u. U. strukturpolitische Erfolge mit Abstrichen bei anderen Reformprogrammen erkauft werden. Bedeutsamer aber ist der Fall, daß die Anreize und Belastungen die Unternehmungen nicht dazu veranlassen, so zu investieren, daß die Ziele der Staatsebene erreicht werden. Dann muß es zu einem Bruch zwischen dem öffentlichen und privaten Sektor kommen, der entweder zu einer Revision der Ziele auf der Staatsebene führt (Änderung des Bundesentwicklungsplanes, Abkehr vom Gemeinschaftsbedarf), oder – soll die Autonomie der Unternehmungsebene erhalten bleiben – den Staat dazu zwingt, die erwünschten Investitionen in eigener Regie durchzuführen. In beiden Fällen fehlt zum einen die Verzahnung zwischen den beiden Ebenen, zum anderen wird das Grundkonzept der indirekten Investitionslenkung selbst in Frage gestellt.

Schon bei indirekter Investitionslenkung ist wegen mangelnder Verzahnung nicht auszuschließen, daß sich der Staat wegen der offenen Flanke des Privatsektors zu weiteren Interventionen und umfassenderer staatlicher Planung veranlaßt sieht.

(2) Je stärker das Spannungsverhältnis zwischen privatem Nachfrageverhalten und erwünschtem Produktionsaufbau wird, und deshalb – verständlicherweise – die institutionelle Investitionsabstimmung

oder gar direkte Investitionskontrollen Platz greifen sollen, um so gravierender wird das Abstimmungsproblem. Die Befriedigung gesellschaftlicher Bedürfnisse erfordert z. B., daß entweder den Unternehmungen bestimmte Kalkulationsvorschriften im Sinne eines abgewandelten Rentabilitätsbegriffs vorgegeben werden, oder aber die Konsumenten sich die gesellschaftlichen Präferenzen zu eigen machen müssen, die von ihren gegenwärtigen abweichen. Letzteres verlangt eine entsprechende Konsumumlenkung durch Beeinflussung des Verbraucherverhaltens. Bei einem solchen Vorgehen wird – überspitzt formuliert – zwar formal die Unternehmungsautonomie aufrechterhalten, aber die Konsumentensouveränität in Frage gestellt oder gar preisgegeben.

Wenn die Konsumumlenkung fehlschlägt, bleibt das Verzahnungsproblem in gleicher Weise ungelöst wie bei der indirekten Investitionslenkung. Nur dürfte dann die Tendenz zu imperativer Zentralplanung infolge bestimmter gesellschaftlicher Zielvorgabe noch stärker sein als beim schwächeren Konzept.

b) Fehlplanungen ohne Sanktionsmechanismen

Wirtschaftliche Fehlentwicklungen werden häufig mit der „Kurzsichtigkeit" von Preissignalen begründet und damit der Marktwirtschaft angelastet. Dabei verkennt man, daß jede Investitionsentscheidung auf der Grundlage von Gegenwarts- und Vergangenheitsdaten die zukünftige Entwicklung prognostizieren muß. Das ist unabhängig von der Wirtschaftsordnung: Das Prognoseproblem stellt sich für einzelne Unternehmer in gleicher Weise wie für eine Planungsbehörde, und solange die erforderliche Treffsicherheit der Prognosen nicht gewährleistet ist, ist das Risiko, daß Planungsinstanzen falsche Entscheidungen treffen, mindestens ebenso groß wie das, daß Unternehmer kurzsichtige Entscheidungen treffen.

(1) Ich will mich hier nicht mit der Problematik der Prognosen und der Zielprojektionen, die auf sie aufbauen, befassen. Wenngleich private Unternehmer wie öffentliche Planungsinstanzen in ihren Investitionsentscheidungen von (erwarteten) Engpässen und Überkapazitäten abhängig sind, ist zu beachten, daß private Fehlentscheidungen in der Regel auf den mikroökonomischen Bereich beschränkt bleiben, öffentliche Fehlplanungen hingegen sowohl in regionaler wie sektoraler Hinsicht auf weite Teile der Volkswirtschaft ausstrahlen und sich damit kumulieren können.

Für den einzelnen Unternehmer können Fehlplanungen dann entstehen, wenn er entweder die Nachfrageentwicklung oder die Angebots- bzw. Investitionsstrategie seiner Konkurrenten falsch eingeschätzt hat. Daß zumindest letzteres ausgeschaltet werden kann, impliziert die Annahme einer überlegenen Planungskapazität überbetrieblicher Organe (staatliche Behörden bzw. Ausschüsse mit widerstreitenden Interessen), was keineswegs erwiesen ist. Das Problem der Nachfrageprognose läßt sich hingegen nur unter zwei gleichermaßen extremen Bedingungen lösen: Entweder kennt die Planungsinstanz bereits heute die zukünftigen Bedürfnisse sich frei entscheidender Bürger, von denen diese u. U. selbst noch nichts wissen, oder sie paßt die Nachfrageentwicklung jeweils dem von ihr gewünschten Angebot an. Dies setzt die Unterscheidung zwischen „falschen" und „wahren" Bedürfnissen voraus. Abgesehen davon, daß damit das Prognoseproblem nur durch ein „Offenbarungsproblem" ersetzt wird, verrät eine solche Anmaßung eine totalitäre Haltung.

(2) So problematisch dies sein mag, ebenso wichtig erscheint mir, darauf aufmerksam zu machen, daß bei allen Konzepten überbetrieblicher Investitionsplanung Entscheidendes vergessen wird, nämlich die neuen Gewährsträger für die von ihnen zu vertretenden Investitionsentscheidungen auch haftbar zu machen. Wettbewerb und Haftung sind als Sanktionsmechanismen für Fehlentscheidungen aufzufassen: Verluste dürfen weder durch private Marktstrategien noch durch staatliche Übernahme sozialisiert werden. Das öffentliche „Investitionskartell" führt aber – ebenso wie jedes private – letztlich zu einer Preisgabe beider Sanktionsmechanismen. Es muß deshalb die Frage gestellt werden, ob tatsächlich Fehlentscheidungen im Investitionsbereich mittels öffentlicher Koordination im Rahmen überbetrieblicher Planung eher vermieden werden als im Falle einer Belassung der Investitionsentscheidungen (damit von Risiko und Chance) bei den privaten Planträgern. Unter Beachtung des besonderen Gefährdungstatbestandes einer Kumulation solcher Fehlentwicklungen läuft das letztlich auf die Frage hinaus, wie weit die öffentlichen Mittel zur Abdeckung eintretender Verluste reichen werden.

c) Kumulation staatlicher Interventionen

Die vordergründige Alternative zur Abwälzung von Fehlplanungen auf den Steuerzahler – nämlich die

Ausuferung des staatlichen Interventionismus, daß aus Enttäuschung über unbeabsichtigte Ergebnisse und Mißerfolge ständig neue und härtere Eingriffe produziert werden – ist eher noch problematischer.

(1) Man muß sich wundern, daß theoretische Zusammenhänge und praktische Erfahrungen bei Kontrollen anderer Variablen – etwa der Preise – von den Vertretern abgestufter Investitionskontrollen nicht beachtet werden. Während bei Preiskontrollen Versorgungsschwierigkeiten mit unerfreulichen Kettenreaktionen befürchtet werden – angefangen mit der Subventionierung des Angebotes über Ablieferungskontrollen bis hin zu administrativen Nachfragekürzungen –, ist das bei Investitionskontrollen offenbar nicht der Fall. Aber auch hier gilt: Sobald der Abstimmungsmodus des Marktes entfällt, ist mit Engpässen und Überkapazitäten zu rechnen. Da aber die Umstrukturierung der Erzeugung „gesellschaftlich" erwünscht ist, muß man die Marktsteuerung neutralisieren, also die getätigten Investitionen durch Produktionskontrollen absichern, in die tunlichst auch die Faktormärkte, Kapital- und Arbeitsmarkt, als Flankenschutz einzubeziehen sind. Gleichzeitig müssen Maßnahmen zur Anpassung der Nachfrage ergriffen werden, indem man „politische" Preise setzt oder die Nachfrage administrativ umzulenken versucht, sofern man nicht Warteschlangen in Kauf nehmen will. Aus alledem ergibt sich, daß die Staatseingriffe um so umfangreicher sein werden, je stärker gegen den Markt gesteuert werden muß.

Selbst dort, wo die Marktsteuerung zu wünschen übrig läßt, bewirkt sie den Ausgleich zwischen Angebot und Nachfrage. Unabhängig von der Marktstruktur wird das Ausgleichsproblem also stets gelöst. Vermachtete Märkte implizieren „nur“ ein Verteilungsproblem. Wird aber die Produktionsstruktur entgegen den bestehenden Käuferpräferenzen bestimmt, ist außer dem Verteilungsproblem das Ausgleichsproblem zu lösen. Das wird auch dadurch bestätigt, daß bei Gemeinschaftsgütern westliche Volkswirtschaften das die Ostblockstaaten generell kennzeichnende Bild entsprechender Versorgungsengpässe ebenfalls aufweisen.

(2) Die Ansätze überbetrieblicher Investitionsplanung sind durchweg angebotsorientiert und stehen vor einem gemeinsamen Problem: Damit private Unternehmungen im Bereich der öffentlichen Güter überhaupt und im Bereich der Individualgüter anders, als es den jeweiligen Markttendenzen entspricht, investieren, muß es sich für sie lohnen. Wenn sich der Staat aber zunächst darauf beschränkt, Gewinne und Verluste durch entsprechende Ent- und Belastungen zu manipulieren, ergibt sich folgendes Dilemma: *„Entweder werden die Angebote des Staates von den Unternehmern nicht angenommen, dann ist die Steuerung hinfällig, oder die Angebote sind so attraktiv, daß sie angenommen werden“*, was bedeutet, daß *„die Lenkung der Investitionen ... nicht nach gesellschaftlichen Bedürfnissen, sondern ... (weiterhin) nach den Absatz- und Gewinnerwartungen der Unternehmer“*[14]) erfolgt. Dies widerspricht aber der Zielsetzung. Gerade aus dem dezidiert „gesellschaftlichen“ Ansatz heraus muß auf stärkere

[14]) Beschluß „Demokratisierung der Wirtschaft“, a.a.O., S. 16.

Maßnahmen wie Investitionsauflagen, -genehmigungen und -verbote in größerem Umfang zurückgegriffen werden. Man kann sich also kaum auf die indirekte Investitionslenkung beschränken.

(3) In diesem Fall ist aber fraglich, ob trotz der zunehmenden Beschneidung der Unternehmungsautonomie weiterhin mit einem adaptiven Unternehmerverhalten gerechnet werden kann, d. h., ob die bisher normalerweise festgestellten und überprüften Verhaltensfunktionen auch zukünftig gelten. Es könnte sich z. B. eine umfangreiche Kapitalflucht einstellen. Auch wäre eine schrittweise Produktionsverlagerung ins Ausland ins Auge zu fassen. Schließlich müßte infolge erhöhten Investitionsrisikos mit abnehmender Investitionsneigung bis hin zum Investitionsstreik gerechnet werden. Um diese und ähnliche Unternehmerreaktionen als „Rettungsaktionen“ auszuschließen, müßte wohl in letzter Konsequenz die Unternehmungsautonomie generell beseitigt und eine weitgehende Sozialisierung angestrebt werden. Nur dann wäre ein den „gesellschaftlichen Bedürfnissen“ entsprechender Produktionsaufbau auf Dauer gesichert.

Alles in allem genommen fehlt es also an den Grundvoraussetzungen einer Investitionslenkung mit leichter Hand. Die Jungsozialisten sind eigentlich nur konsequent, wenn sie offen die Systemüberwindung propagieren.

2. *Gesellschaftliche Probleme*

a) Legitimationsproblem

Wenn für den Produktionsaufbau – unabhängig von und entgegen bestehenden Konsumentenpräferenzen – „arbeitsorientierte Interessen“ oder „gesellschaftliche Bedürfnisse“ bestimmend sein sollen, ist zumindest eine Mehrheitsentscheidung über die „wahren“ und strukturbestimmenden Bedürfnisse, d. h. die demokratische Legitimation vonnöten; das gilt vor allem für die gesellschaftliche Investitionskontrolle, deren Vertreter expressis verbis den Produktionsaufbau auf der Basis des Profitprinzips ablehnen.

Daß dieser Prozeß einer demokratischen Legitimierung keineswegs unproblematisch ist, möchte ich am Beispiel alternativer Bedarfsrangskalen verdeutlichen, mit denen sich die Parteien zur Wahl stellen sollen.

(1) Bei der Entscheidung über Bedarfsrangskalen tauchen zunächst zwei Probleme auf:

- In der Bundesrepublik besteht kein Zwei-Parteien-System, d. h. es sind Koalitionen für die Regierungsbildung möglich und notwendig. Bei deutlich unterschiedlichen Rangskalen muß ein Kompromiß zwischen den Parteien ausgehandelt werden, wodurch die demokratische Legitimation des Kompromisses fraglich wird, weil über diesen nicht abgestimmt wurde und niemand für ihn votiert hat.

- Ein ähnliches Dilemma erwächst aus dem föderativen Staatsaufbau der Bundesrepublik: Solange alle Gebietskörperschaften an der Bereitstellung öffentlicher Güter beteiligt sind und zumindest einige Länder von einer anderen Partei regiert werden als der Bund, muß im Interesse eines Gesamtkonzeptes wiederum ein Kompromiß gefunden werden, über den die Wähler nicht entschieden haben.

(2) Auch das Zwei-Parteien-System löst die Probleme nicht: Es sind hier zwar eindeutig Mehrheiten möglich, aber damit ist nicht gesichert, daß auch die von der Regierungspartei vertretene Bedarfsrangskala von der Mehrheit der Bürger akzeptiert wird. Dies wäre nur dann der Fall, wenn einzig und allein über das Bedarfsschema abgestimmt würde. Bei Berücksichtigung weiterer Bereiche der Politik kann es sein, daß man die Partei A zwar wählt, weil z. B. ihre Außenpolitik und die Gesundheitspolitik akzeptiert werden und den höheren Stellenwert bei der Entscheidung erhalten, jedoch die Wirtschaftspolitik der Partei B präferiert wird.

(3) Ferner müßte auch die Frage entschieden werden, ob „demokratische Legitimierung“ nur bedeutet, daß die Mehrheit zu bestimmen hat, oder ob nicht auch ein Minderheitenschutz zu gewähren ist. Bei knappen Wahlergebnissen stellt sich diese Frage recht deutlich: Ist eine Mehrheit von 51 gegenüber 49 v.H. berechtigt, ihre Interessen gegen die der Minderheit durchzusetzen? Man mag diese Frage mit ja beantworten, wenn es keine andere Lösung des Abstimmungsproblems gäbe. Der Vorteil von Markt und Wettbewerb liegt ja gerade darin, daß Mehrheiten wie Minderheiten und selbst Splitter- und Rand-

gruppen mit ihren „Stimmzetteln“, die ihre Präferenzen widerspiegeln, berücksichtigt werden.

(4) Die aufgeführten Probleme werden noch gravierender, wenn die Bedarfsrangskala durch ein Gremium festgestellt wird, das nicht von der Allgemeinheit gewählt ist, sondern sich aus privilegierten Gesellschaftsgruppen zusammensetzt, wie z. B. der Wirtschafts- und Sozialrat. Darüber hinaus stellt sich die Frage nach dem Verhältnis dieses Organs zum Parlament. Hier ist die Schwächung unseres Parlaments durch die Rivalität eines „Nebenparlaments“ zu beachten. Daraus könnte ein Konflikt zur parlamentarischen Demokratie erwachsen.

Insgesamt dürften die Verfahren zur „demokratischen Legitimation“ keineswegs überzeugend sein. Wenn Markt und Wettbewerb aus grundsätzlichen Erwägungen abgelehnt werden, muß man zumindest versuchen, „Behelfslösungen“ so zu konstruieren, daß die undemokratischen Aspekte minimiert werden. Dies haben die bisherigen Lösungsvorschläge nicht erreicht.

b) Überbetriebliche Investitionsplanung und Machtkontrolle

Die Vermachtung der Märkte und das damit verbundene Problem des Machtmißbrauchs sind der Kern vieler Beiträge zur überbetrieblichen Investitionsplanung.

– In Veröffentlichungen aus dem Gewerkschaftslager nehmen Überlegungen zur Machtkontrolle einen bevorzugten Platz ein. Diese soll durch die überbetriebliche Investitionsplanung einer Lösung zugeführt werden, weil *„die wesentliche Ursache einer privaten Investitionsfehllenkung“* im *„Mißbrauch wirtschaftlicher Macht (oligopolistischer Kampf um Marktanteile)“*[15]) zu suchen ist.

– Vertreter direkter Investitionskontrolle gehen über den ökonomischen Marktformenansatz hinaus und sehen das Machtproblem in gesellschaftlichen Proportionen. So wollen Meißner/Wieczorek/Zinn *„ausgehend von den gegebenen gesellschaftlichen Verhältnissen eine Reformperspektive ... entwickeln, die nicht nur auf die oberflächliche Verbesserung der gegebenen Struktur ausgerichtet ist, sondern die Basis für eine wirksame Veränderung der gesellschaftlichen Machtverhältnisse bei gleichzeitiger Verbesserung der gesellschaftlichen Lebensqualität bietet“*[16]). Die ungleichen Machtverhältnisse werden auf das Produktionsmitteleigentum zurückgeführt. Mit der gesellschaftlichen Investitionskontrolle wird die Einschränkung oder Aufhebung der privaten Verfügungsmacht über Produktionsmittel bezweckt.

(1) Es ist mir stets schwer gefallen, den Zusammenhang zu verstehen, was privates Produktionsmitteleigentum mit wirtschaftlicher Macht zu tun hat. Schließlich gibt es immer mehr Eigentümer, die ohn-

---

[15]) A. Schunk: Vergesellschaftung und Investitionslenkung als Alternativen, in: Gewerkschaftliche Monatshefte, Jg. 24/1973, S. 748.

[16]) Meißner/Wieczorek/Zinn: Veränderung der Machtverhältnisse und Verbesserung der Lebensqualität, ... a.a.O., S. 56.

mächtig sind, denen Eigentumslose, die nicht nur mächtig sind, sondern ständig mächtiger werden, gegenüberstehen – nämlich Funktionäre aller Gattungen. Es fällt mir deshalb immer schwerer, die Blindheit zu begreifen, mit der bereits vorhandene und sich ständig verdichtende Machtstrukturen bagatellisiert werden.

Die Wurzel des Machtproblems ist generell in der Marktmacht (die sich auf der Angebots- wie auf der Nachfrageseite, auf Gütermärkten wie Faktormärkten bilden kann), aber auch in der Größenmacht (bezogen auf konglomerate Unternehmungen wie auch den modernen „Funktionärskapitalismus") zu suchen. Es bedarf keiner Frage, daß z. B. durch die Unternehmungskonzentration hauptsächlich im Wege äußerer Verflechtung dem Wettbewerb als machtverteilendem Prinzip eine nicht zu unterschätzende Gefahr erwachsen ist. Aber die Wettbewerbsordnung ist bislang das einzige nicht-autoritäre System sozialer Kontrolle. Als Alternative steht nur das autoritäre System sozialer Kontrolle zur Verfügung, dessen Schwäche gerade darin liegt, daß es nicht weniger, sondern mehr Machtbefugnisse erfordert. Will man somit das Machtproblem tatsächlich lösen, führt bis auf weiteres kein Weg an der Sicherung und Intensivierung des Wettbewerbs vorbei.

(2) Was die überbetriebliche Investitionsplanung vor allem in ihren institutionellen und direkten Formen anbelangt, fürchte ich zwei Konsequenzen, die das Machtproblem eher verschärfen als lösen.

– Einmal entsteht der Konflikt zur Wettbewerbsstrategie dadurch, daß in dem Umfang, wie der

Wettbewerb in seiner Steuerungs- und Kontrollfunktion zurückgedrängt wird, mit der übergreifenden Planung umfassendere bzw. neue Institutionen mit entsprechenden Machtbefugnissen geschaffen werden. Bei den Investitionskartellen wird das unmittelbar deutlich. Aber auch sonst dürften an die Stelle dezentraler Entscheidungsträger im Investitionsbereich öffentliche Funktionsträger treten, ohne daß ihre Machtstellung auch nur in Analogie zur Struktur vermachteter Märkte gesehen wird. Im Gegenteil, man nimmt es offenbar hin, daß Privatrechtsbeziehungen immer mehr durch „öffentliches Recht" ersetzt werden.

- Zum anderen ist es eine Erfahrungsregel, daß sich aus „gesellschaftlichem" Verständnis große bzw. zusammengefaßte Wirtschaftseinheiten besser planen und kontrollieren lassen als viele mittlere und kleine Unternehmungen, die schwer unter einen Hut zu bringen sind. Deshalb dürfte das Interesse der neuen Planträger an Unternehmungszusammenschlüssen bis hin zu Wirtschaftsvereinigungen schon bald deutlich zu Tage treten.

Somit dürften kaum Zweifel bestehen, daß die gesellschaftliche Investitionskontrolle neue Machtprobleme schafft, ohne daß sie die alten löst.

c) Der Irrglaube an die kollektive Vernunft (Myrdal)

Ich möchte nicht schließen, ohne das gewandelte Verständnis über Wirtschaft und Gesellschaft kurz zu charakterisieren.

– Unsere freiheitliche Wirtschafts- und Gesellschaftsordnung ist aufzufassen als ein durch eine allgemeine Rechts- und Sozialordnung (Staatsverfassung, Privatrechtsordnung, Finanzverfassung, Geldverfassung etc.) gesetzter Rahmen, innerhalb dessen der Wirtschaftsprozeß ohne konkrete Zielvorgabe frei abläuft. Daraus folgt, daß niemandem vorgeschrieben werden darf, was er zu tun hat, sondern lediglich untersagt werden muß, was er nicht tun darf. Es handelt sich um eine spontane Ordnung, die auf bestimmten Spielregeln mit entsprechenden Sanktionsmechanismen innerhalb des jeweils gültigen Rechtsrahmens fußt.

– Die Vertreter überbetrieblicher Investitionsplanung verwerfen diesen Ansatz als Ideologie. Umgekehrt den ihrigen als „Planungsfetischismus" zu bezeichnen, dürfte kaum weiterhelfen. Ihr Verständnis der Wirtschaftspolitik geht vor allem auf Tinbergen zurück. Dabei handelt es sich um sog. decision models, die als simultane Gleichungssysteme konzipiert sind: Zu größenmäßig vorgegebenen Zielvariablen werden unter Ausklammerung irrelevanter Variabler die Endwerte der Instrumentvariablen gesucht. Wenngleich von Tinbergen auf die quantitative Ablaufpolitik – unter Ausschluß der Ordnungspolitik – beschränkt (und schon gar nicht für die Gesellschaft als Ganzes vertreten), ist dieses Vorgehen, das als „konstruktivistischer Interventionismus" bezeichnet wird[17]), heute allgemein verbreitet. Das Modell ist einer

[17]) Vgl. F. A. v. Hayek: Die Irrtümer des Konstruktivismus und die Grundlagen legitimer Kritik gesellschaftlicher Gebilde, 2. Aufl., Tübingen 1974, und E. Hoppmann: Soziale

Mechanik mit verschiedenen Hebeln vergleichbar, die nur richtig bedient werden müssen, damit das Gewünschte herauskommt.

Diese Charakterisierung genügt, um die rivalisierenden Auffassungen über Wirtschaft und Gesellschaft deutlich zu machen: Vertreter der „Neuen“ Wirtschaftspolitik lehnen die Berechtigung der Ordnungspolitik als Grundlage der Wirtschaftspolitik ab. Gesellschaftliche Grundwerte sind nicht länger Entscheidungshilfen für eine Wirtschaftsordnung und treten in den Hintergrund. Statt dessen werden Wirtschaft und Gesellschaft schlechthin als „machbar“ angesehen und wie konkrete Organisationen mit entsprechender Zielvorgabe behandelt – etwa wie Betriebe, in denen alle Mitarbeiter arbeitsteilig auf ein gemeinsames Ziel hin ausgerichtet sein müssen: Hier wird deutlich, daß die deterministische Denkweise in die Gesellschaftswissenschaften Eingang gefunden hat. Letztlich ist dieses Vorgehen in Analogie zur sog. „Maschinentheorie“ organisierter Systeme zu sehen. Gleichzeitig wird das Kollektivistische *„im Sinne jener Gesellschaftsentwürfe“* erkennbar, *„die auf dem Ideal der Zusammenarbeit aller Gruppen in einer Gesellschaft und der gemeinsamen ... Verfolgung“* gleicher Ziele für alle *„aufbauen“*[18]). Gerade dagegen haben sich die Väter der Marktwirtschaft gewehrt, indem sie Zwänge der Planung grundsätzlich auf die Betriebe beschränkt wissen wollten und die einzel-

---

Marktwirtschaft oder Konstruktivistischer Interventionismus, in: E. Tuchtfeldt (Hrsg.), Soziale Marktwirtschaft im Wandel, Freiburg 1973, S. 27 ff.

[18]) E. Hoppmann: Soziale Marktwirtschaft oder Konstruktivistischer Interventionismus, a.a.O., S. 57.

wirtschaftlichen Pläne einem externen Kontroll- und Abstimmungsmodus übertragen haben.

Damit ist zwar nicht die Grenzziehung zwischen Entscheidungsautonomie und übergreifender Planung festgelegt. Ich wollte nur die Wurzel heutigen gesellschaftlichen Verständnisses freilegen. Letztlich handelt es sich m. E. um eine schrittweise Auflösung der bisher gültigen Ordnungspolitik, bei der die Konstruktion bestimmter Modelle überbetrieblicher Investitionsplanung nur Teilaspekte des Ganzen liefert.

Argumente für eine überbetriebliche Investitionsplanung

von Professor Dr. Werner Meißner,
Universität Frankfurt am Main

Ich beginne dieses Referat mit drei Zahlenkombinationen und einem Zitat. 1971 haben 1169 Unternehmen des Produzierenden Gewerbes mit mehr als 1000 Beschäftigten (das sind 1,8 % der Unternehmen) 55 % der Anlageinvestitionen getätigt[1]). Gruppiert man die Unternehmen in Umsatzgrößenklassen, so zeigt sich für 1972: 103 Konzerne mit mehr als 1 Mrd. DM Umsatz haben 43 % der Sachanlageinvestitionen im Bereich Produzierendes Gewerbe, Handel und Verkehr auf sich vereinigt, davon entfielen auf die 30 ersten Konzerne 35 % des Investitionsvolumens[2]).

Das Zitat: *„Wenn die Meinung geäußert wurde, gemeinschaftliche Investitionsplanungen seien das ‚Ende der Privatwirtschaft', so offenbart das eine intransigente Auffassung und bestätigt einmal mehr den bedenklichen politischen und wirtschaftspoliti-*

---

[1]) Berechnet nach Tab. A 1, Statistisches Jahrbuch für die Bundesrepublik Deutschland 1974, S. 214.

[2]) Koubek, N., und Scheibe-Lange, I., Einzel- und gesamtwirtschaftliche Daten zur Investitionsstruktur in der BRD, Tab. 8, S. 320, WSI-Mitteilungen 27/8, August 1974.

schen Trend unserer Zeit, Dinge und Gedanken stets unsachlich zu überspitzen." Und etwas weiter: „*Es ist nicht einzusehen, daß eine sinnvolle kooperative Investitionsplanung marktwirtschaftswidrig sein sollte.*"[3]) Arno Sölter (BDI) hat dies geschrieben, in diesem Kreise sicherlich kein Unbekannter. Was er hier fordert, ist nichts anderes als eine überbetriebliche Investitionsplanung im Sinne eines privatwirtschaftlichen Investitionskartells in einzelnen Branchen[4]).

Von der Zweckmäßigkeit einer derartigen Investitionsplanung braucht man Sie schwerlich zu überzeugen, eher schon das Bundeskartellamt. Aber das ist auch nicht die Art von Investitionsplanung, die ich im Sinne habe. Ich meine nämlich, der Staat und/oder andere gesellschaftliche Gruppen sollten bei dieser überbetrieblichen Investitionsabstimmung ein wichtiges Wörtchen mitzureden haben. Auch diese Konzeption wird von weitsichtigen Vertretern der Unternehmerwirtschaft befürwortet. Ernst-Wolf Mommsen: „*Es wird jetzt gemeingefährlich, wenn sich die Wirtschaft nicht an einem Gesamtkonzept orientieren kann, das eindeutige Daten setzt ... Eine formulierte Industriepolitik ist für mich noch längst keine Investitionslenkung, zumal diese Politik gemeinsam vom Staat, von der Wirtschaft und auch von der Gewerkschaft getragen werden müßte. Auf der anderen Seite bin ich allerdings der Meinung,*

[3]) Sölter, A., Investitionswettbewerb und Investitionskontrolle, Köln 1973, S. 35 und S. 51.

[4]) Siehe hierzu die Replik von Arno Sölter im Anschluß an diesen Beitrag auf S. 67 f.

daß der Staat seine Mittel nur nach einem industriellen Gesamtkonzept einsetzen darf. Dann kann er Strukturbeihilfen – z. B. aus rein regionalen Gründen – nicht mehr geben, wenn diese der formulierten Industriegesamtpolitik widersprechen.“[5])

Dieses längere Zitat – auch wenn es sich verbal gegen Investitionslenkung absetzt – macht deutlich, wo die Grenzen einer branchengebundenen quantitativen Investitionskartellierung liegen. Eine überbetriebliche planorientierte Investitionsabstimmung liegt im Zuge einer Entwicklung, die – und nun zitiere ich aus der kürzlich erschienenen programmatischen Schrift von Kurt Biedenkopf – *„generell das Verhältnis der Politik zu gesellschaftlichen Institutionen und autonomen Gruppen betrifft, bedeutet im Grunde nichts anderes als die konsequente Fortführung des demokratischen Prinzips der Subsidiarität, nach dem die Lösung eines Problems stets der Gruppe oder Instanz übertragen wird, die dazu besonders befähigt und geeignet ist. Dem Ganzen sind die Aufgaben vorbehalten, die die Gruppe nicht oder nicht zum größtmöglichen Wohl des Ganzen lösen kann. Im konkreten Fall wird das Ganze definiert durch den Gesamtzusammenhang, in dem Prioritäten gesetzt werden müssen.*“[6])

Statt von überbetrieblicher Investitionsplanung – wie es in der mir vorgegebenen Themenstellung heißt –

---

[5]) Interview mit E.-W. Mommsen, Die Zeit vom 28. 9. 73, S. 47.

[6]) Biedenkopf, Kurt H., Fortschritt in Freiheit, München-Zürich 1974, S. 58.

möchte ich lieber von Investitionslenkung sprechen; dies vor allem, um eine Abgrenzung zu überbetrieblichen Investitionskartellen vorzunehmen. Investitionslenkung meint öffentliche Einflußnahme auf private Investitionsentscheidungen. Beeinflußt werden sollen sowohl Höhe (Volumen) als auch Ausrichtung (Struktur) der Investitionen. Beides ist schon heute der Fall: Staatliche Stabilitätspolitik wirkt ein auf das Volumen privater Investitionen, welche eine wichtige und relativ stark schwankende Komponente der gesamtwirtschaftlichen Nachfrage bilden. Staatliche Strukturpolitik versucht, auf die sektorale Zusammensetzung und regionale Placierung privater Investitionen einzuwirken. Investitionslenkung will am Vorhandenen anknüpfen, die Instrumente wo nötig ergänzen und das Lenkungsinstrumentarium durch eine ökonomische Rahmenplanung koordinieren. Indem sie das bereits vorliegende Lenkungspotential stärker einsetzen oder es weiter ausbauen will, ist sie – neben Stabilitäts- und Strukturpolitik – auch Ordnungspolitik.

Damit sind drei unterschiedliche – wenn auch miteinander verbundene – Ansatzpunkte für die Zielsetzung der Investitionslenkung genannt: Stabilitätspolitik, Strukturpolitik, Wirtschaftsordnungs- oder Gesellschaftspolitik. Dies werde ich später etwas ausführen.

Die neuere Diskussion über Investitionslenkung – etwa zwei Jahre alt – wird heute vornehmlich unter ordnungspolitischen Gesichtspunkten geführt. Tatsächlich werden investitionslenkende Eingriffe, d. h. die Beeinflussung und Modifizierung der Verfügungsrechte aufgrund von Privateigentum an den Produktionsmitteln, Auswirkungen auf die Wirtschaftsordnung haben. Häufig wird von Gegnern der Investitionslenkung ein Zustand des privatwirtschaftlich-marktorientierten Allokationsmechanismus gekennzeichnet, der Investitionslenkung als unerklärlichen und verderblichen Schritt fort von einer guten Gegenwart in eine verplante Zukunft erscheinen läßt. Daher mag es angebracht sein, von der Kennzeichnung der privaten Investitionstätigkeit auszugehen, die ein überzeugter Vertreter des privatwirtschaftlichen Systems ohne Umschweife und ideologische Verzerrungen geliefert hat:

„... Wir wollen uns ... erinnern, daß die Unternehmung nur um des Gelderwerbs willen gegründet wurde. Was sie auch tut – es zielt auf Geldertrag. Sie kauft beispielsweise Rohstoffe und Arbeit unter Aufwendung von Geld – warum? Technisch gesehen, um ein Fabrikat daraus zu formen. Aber wirtschaftlich? Um es an den Markt zu bringen und mehr Geld dafür einzulösen. Das Fabrikat interessiert sie wirtschaftlich gar nicht, erst wenn das Geld glücklich gemacht ist, ist für sie der Prozeß zu Ende. Dann mag eine neue Transaktion beginnen, die das gleiche Ziel hat.“[7])

Die Produktion zur Bedürfnisdeckung ist ein Nebenergebnis bei der Erwirtschaftung eines Geldeinkommens, eines Profits. Nicht die Produktion von Gebrauchswerten, sondern die Produktion von Tausch-

[7]) Rieger, W., Einführung in die Privatwirtschaftslehre, Nürnberg 1928, S. 214.

werten ist das Ziel, an dem die Investitionshöhe und -richtung sich orientiert. Öffentliche Investitionen sind nach allgemeiner Auffassung hingegen am Bedarfsdeckungsprinzip ausgerichtet. Dabei handelt es sich um die Schaffung der Voraussetzung für die Produktion von Gütern und Diensten, die der Markt, d. h. die private Produktion, gar nicht oder nicht hinreichend bereitstellt.

Private und öffentliche Investitionen konkurrieren um die Ressourcen, die in einer Volkswirtschaft zur Verfügung stehen. Diese Aufteilung ist dann besonders wichtig, wenn die vom privaten, profitorientierten Sektor reklamierten Investitionsmittel den dort anvisierten „Nebenzweck" der Bedürfnisbefriedigung nur unvollkommen erfüllen oder gar Bedürfnisse schaffen, die durch öffentliche Investitionen abgedeckt werden müssen. Beispiele dafür bilden Konsumgüterkomplexe wie Autoverkehr (Auto-Straße) und solche Fälle, bei denen die negativen externen Effekte der privaten Produktion das Bedürfnis zu ihrer Neutralisierung schaffen (Umwelt). Die Aufteilung der Ressourcen in private und öffentliche Investitionen hängt aber nicht in erster Linie von den vorhandenen Bedürfniskomplexen ab, sondern vom Grad der „Vergesellschaftung" einer Wirtschaft. Der hohe Anteil der privaten Investitionen wird dabei mit dem Argument gestützt, daß ihre Rechenhaftigkeit höher, ihre Effizienz somit größer sei: Der Markt und sein Preismechanismus garantieren die beste Allokation.

Selbst unter den Bedingungen eines vollkommenen Wettbewerbsmarktes ist die Koordinationsfähigkeit des Preissystems überfordert. Preise sind ex-post-Indikatoren, die günstigstenfalls die Knappheitsrelationen zum Investitionszeitpunkt angeben. Investitionen – nicht beliebig teilbar – sind zukunftsbezogen, die neugeschaffenen Kapazitäten stehen auf Jahre zur Verfügung. Diejenigen, die in der Ordnungsdiskussion auf die segensreichen und anonymen Marktkräfte hinweisen, welche privatwirtschaftliche Entscheidung und volkswirtschaftliche Bedarfsdekkung optimal abstimmen sollen, fordern bei konkreten unternehmerischen Entscheidungen gerade eine Suspendierung dieses hochgelobten Marktmechanismus: kooperative Investitionskartelle.

Es ist nicht leicht, marktwirtschaftlichen Festreden-Optimismus mit den konkreten Erfahrungen und Forderungen derer zu verbinden, welche bei ihren Investitionsentscheidungen sogar noch über die Trümmer des bereits schwer angeschlagenen Marktmechanismus stolpern und sie am liebsten „kooperativ" beiseite räumen möchten.

Wird der Marktmechanismus suspendiert, indem Absprachen zugelassen werden, so darf das nicht zu einem ungerechtfertigten Machtzuwachs der privaten Investoren führen. Man sollte sich nicht auf den Eiertanz einlassen, einerseits eine weitere Einschränkung durch Investitionskartelle als ein *„realistisches Konzept des Investitionswettbewerbs"* zur *„Minderung des Investitionsrisikos auf zu Gunsten der Abnehmerschaft und der Volkswirtschaft"* oder gar als *„organische (!) Art der Kapazitätsoptimierung"* (A. Sölter) anzupreisen. Die Kurzformel *„Eine Investitionsabstimmung dient aber ebenfalls der Erhaltung* *eines funktionsfähigen Wettbewerbs*“[8]) macht diesen Widerspruch eher klarer als daß sie ihn überdeckt.

Das grundlegende Entscheidungskriterium für das private Unternehmen ist – und muß sein – die Rentabilität – letztlich die Gewinnmaximierung – für die eigene Einheit. Im Idealfall kann dieses Kriterium auch gesamtgesellschaftlich das richtige sein. Dann nämlich, wenn in die private Kostenrechnung alle Kosten eingehen, die durch eine (Investitions)entscheidung auch außerhalb des Unternehmens anfallen: wenn die externen Effekte internalisiert werden.

Gewöhnlich aber bezieht sich eine private Investitionsentscheidung nur auf das Kapital, das in der betreffenden Unternehmung angesammelt wurde. Außer Betracht bleibt die Bildung und rationelle Anwendung des gesellschaftlichen Kapitals in Form von Verkehrswegen, Schulen, Krankenhäusern, öffentlichen Kommunikationsmitteln etc.[9]). Dieser Gegensatz ist schwer zu überbrücken in einer Wirtschaftsordnung, in der die Entscheidung über Kapitalbildung innerhalb der privaten Produktionseinheiten im Prinzip getrennt ist von der Entscheidung über die Verwendung des öffentlichen Kapitals. Die öffentlichen Investitionen (Infrastruktur) zur Schaffung neuer Arbeitsplätze werden im Vergleich zu den privaten unternehmerischen Investitionen ein

[8]) Sölter, A., a.a.O., S. 35.

[9]) Bekanntlich ist es schwierig, den „Kapitalstock“ zu messen. Das Bruttoanlagevermögen des Staats beläuft sich auf knapp 40 % des Bruttoanlagevermögens der gewerblichen Bereiche (beides in Preisen von 1962). Statistisches Jahrbuch für die BRD, 1973, S. 532.

steigendes Gewicht bekommen. Ihre zunehmende quantitative Bedeutung braucht aber ihren „Folgecharakter" nicht zu verändern. Ihre Richtung und ihre lokale Placierung kann in hohem Maße von der Art der privaten Investitionen bestimmt sein. Diese können mithin investitionslenkenden Einfluß auf die Gestaltung der Infrastruktur beibehalten. Die Wahrscheinlichkeit dafür ist um so größer, je konzentrierter die privaten Investitionsentscheidungen sind.

Diese lenkende Beeinflussung der öffentlichen Investitionen durch private (konzentrierte) Investitionsentscheidungen findet ihre theoretische Rechtfertigung in der Vorstellung, daß der Marktmechanismus eine optimale Ressourcenallokation garantiere, die öffentlichen Investitionen somit indirekt diesem Optimalitätskriterium unterworfen würden. Nach der liberalen Doktrin stellt der Marktpreismechanismus dieses Ergebnis in vier Gleichgewichtsphasen her[10]): (1) Allokation einer gegebenen Konsumgütermenge, (2) Allokation der Produktion bei einer gegebenen Kapitalausrüstung, Land und Arbeitspotential, (3) Allokation der Investitionen, (4) gesamtwirtschaftliches Gleichgewicht zwischen Angebot und Nachfrage nach Maßgabe des Say'schen Gesetzes.

Es trifft zu, daß der Preismechanimus unter Marktvoraussetzungen in der ersten Phase effizient ist, bei der Verteilung einer gegebenen Konsumgütermenge. Er ist ausreichend effizient noch in der zweiten Phase, wenn ein Konsumgüterangebot mit bestehen-

---

[10]) Vgl. Rosenstein-Rodan, P. R., Programmierung in Theory and in Italian Practice, in: Investment Criteria and Economic Growth, MIT-Press 1961.

dem Produktionsapparat erst erzeugt werden muß. In der dritten Phase ist die Leistungsfähigkeit des Preismechanismus hingegen überfordert. Die Addition individueller privater Investitionsentscheidungen kann zu einer nicht-optimalen Allokation führen. Dies aus folgenden Gründen:

a) Der Investor maximiert das private und nicht das soziale Nettomarginalprodukt. Diese von Pigou in die Wohlfahrtsökonomik eingeführte Unterscheidung braucht hier nicht näher aufgefüllt zu werden (vgl. Umweltdiskussion).

b) Die Lebensdauer der investierten Produktionsmittel erstreckt sich über mehrere Jahre. Der Preis als ex-post-Indikator mag als Orientierungsmaß für den Käufer und Verkäufer (Phase 1) oder den Hersteller (Phase 2) ausreichen, für den Investor (Phase 3) trifft das nicht zu. Das Risiko einer individuellen Investitionsentscheidung ist größer als bei einem abgestimmten umfassenden Investitionsprogramm. Die Kosten einer Fehlinvestition sind groß. Sie werden nicht nur vom privaten Investor getragen, sondern auch von der gesamten Volkswirtschaft. Eine gesamtwirtschaftliche Investitionslenkung würde an der Verteilung des Risikos von Fehlinvestitionen wenig ändern. Genau wie heute trägt der private Investor das Kapitalrisiko, die Arbeitnehmer tragen das Beschäftigungsrisiko. Auch schon jetzt nimmt das private Kapitalrisiko in dem Maße ab, wie mit einer Investition Risiken für die Arbeitsplätze verbunden sind, zu deren Absicherung sich die öffentliche Hand bereitfinden muß. Unabhängig davon, ob der private Investor vor direkten Verlusten geschützt wird (Sozialisierung der Verluste), stellt eine Fehllenkung von knappen Ressourcen stets einen Verlust für die Gesellschaft dar.

c) Bei Investitionsentscheidungen spielt die Unteilbarkeit der Kapitalgüter eine große Rolle. Der Preismechanismus funktioniert aber nur unter der Voraussetzung sehr kleiner Änderungen.

Die Investitionstheorie ist tatsächlich die schwächste Stelle in der liberalen Theorie. Dies wird noch deutlicher, wenn man die Gleichgewichtsphase 4 mit einbezieht. Niemand wird mehr ernstlich behaupten, daß sich heute das Gleichgewicht zwischen Gesamtangebot und -nachfrage im Rahmen einer vollkommenen Marktwirtschaft abspielt. Gilt dieser Gleichgewichtsmechanismus nicht mehr, so sind auch die Preise nicht mehr der einzig verläßliche Indikator für zukunftsgerichtete Entscheidungen mit längerer Wirkungsdauer als Konsum- und Produktionsentscheidungen.

Es ist heute unbestritten, daß zur Abstimmung zwischen Gesamtangebot und -nachfrage lenkende Eingriffe notwendig sind, zumal wenn diese Abstimmung im Zustand der Vollbeschäftigung stattfinden soll. Die Zusammensetzung der Gesamtnachfrage mit ihren beiden Hauptaggregaten Konsum und Investition wird dann interessant, wenn die längerfristigen Wachstumsauswirkungen eines derartigen Gleichgewichts berücksichtigt werden sollen. Solche Überlegungen über die Aufteilung der Gesamtnachfrage unter Wachstumsgesichtspunkten sind in hohem Maße unabhängig vom Wirtschaftssystem[11]). Auch unter Wachstumsaspekten, aber noch stärker bei Berücksichtigung der optimalen Befriedigung der Bedürfnisstruktur, wird jetzt zunehmend wichtig die Zusammensetzung, die Richtung der Investitionen selbst. Hier tritt also die Frage auf, wie stark der Staat (unter Wachstums- und Bedürfnisaspekt) lenkend auf Höhe *und* Richtung der Investitionen Einfluß nehmen muß. Welches Ausmaß soll eine derartige Programmierung annehmen?

Die liberale Theorie möchte diesen Eingriff weitgehend begrenzen: auf den öffentlichen Sektor, auf die Modifikation des Datenkranzes, auf fallweisen Interventionismus höchstens. Zugegeben wird, daß der Preismechanismus wegen seines ex-post-Charakters zukunftsgerichtete Investitionsentscheidungen nur unvollkommen lenken kann. Das sich somit ergebende Investitionsrisiko wird zur Grundlage eines neuen Arguments für die dezentralisierten privaten Investitionsentscheidungen gemacht. Dezentralisation führe zur Risikominderung durch Risikostreuung: „*All the eggs should not be in the same basket*“[12]). Die Gefahr der Fehlentscheidung durch eine einzige Entscheidungszentrale mit dann weitreichend negativen Folgen ist nicht von der Hand zu weisen. Die Argumentation übersieht aber, daß sich auch individuelle Entscheidungen in falscher Richtung kumulieren können. Der Marktmechanismus hätte in den sechziger Jahren die Energieversorgung der BRD wohl ganz von der Kohlebasis befreit, eine Entschei-

---

11) Vgl. Kalecki, M., Theory of Growth in a Socialistic Economy, New York 1969.

12) Robertson, D. H., The Economic Outlook, in: Utility and All That, London 1952, S. 50.

dung, welche die Energiesituation 1973 nicht gerade verbessert hätte. Außerdem stimmt das Argument für die Risikofreudigkeit privater Investitionsentscheidungen kaum mit der wirtschaftlichen Praxis überein, wonach bei besonders risikobehafteten Privatinvestitionen (gerade in sog. Wachstumsindustrien) nach staatlicher Absicherung verlangt wird: Sozialisierung des Risikos.

Der vermeintlichen Problemlosigkeit bei der Entscheidung über private Investitionen, die im Marktpreisgefüge fest verankert sind und von daher ihre Rechenhaftigkeit erfahren, wird gerne die Schwierigkeit bei der Bestimmung öffentlicher Investitionen gegenübergestellt. Gewiß ist hier der umfangreiche nutzentheoretische Apparat der mikroökonomischen Theorie nicht sinnvoll anwendbar; die Frage ist nur, inwieweit er überhaupt Basis für private Investitionsentscheidungen sein kann. Die ideologische Absicherung und das Vertrauen, welche die Marginalnutzenanalyse der liberalen Theorie gewährt, wird von dieser umgemünzt in eine massive Mißtrauenserklärung an die Wirtschaftlichkeitsrechnung für öffentliche Investitionen. Die umfangreiche Literatur über Cost-Benefit-Analyse lehrt, daß es tatsächlich nicht einfach ist, Verrechnungspreise zur Bewertung von Kosten und Ertrag zu finden. Immerhin läßt sich mit dem Verfahren der „Schattenpreisbildung“ die Ressourcenlage zuweilen besser kennzeichnen als mit Marktpreisen, etwa wenn in Regionen mit Arbeitslosigkeit das für eine Investition benötigte Arbeitspotential mit einem geringeren Preis angesetzt wird, als der Marktlohnsatz anzeigt. Hier zeigt sich einmal mehr der Unterschied zwischen einzelwirtschaftlicher und gesamtwirtschaftlicher Bewertung und Zielsetzung.

Die Bewertung öffentlicher Investitionen nach den gesellschaftlichen Kriterien der Bedarfsdeckung und Wohlstandsmehrung ist also schwierig – wenn auch nicht so problematisch, wie die liberale Theorie mit dem Hinweis auf die marktpreisorientierte Rechenhaftigkeit privater profitausgerichteter Investitionen behauptet. Schwierig – aber wegen der mangelnden Lenkungsleistung des Marktes auf dem Investitionssektor notwendig – ist jedoch auch die Erstellung eines Investitionsplanes. Dieser Plan muß zunächst die öffentlichen Investitionen umfassen. Dann aber – wegen ihres weitgehenden Komplementärcharakters – auch die hauptsächlichen Strukturkomponenten des privaten Investitionsvolumens, das dann plangemäß indirekt oder direkt zu beeinflussen ist.

Grundlage derartiger Planung muß eine langfristige Projektion sein, die sich auf die technisch-wissenschaftlichen Entwicklungsmöglichkeiten sowie auf ihre gesellschaftlichen Auswirkungen stützt (technology-assessment).

Diese Bestandsaufnahme alternativer Entwicklungsmöglichkeiten ist die Grundlage für die Entscheidung einer gewissen Entwicklungsrichtung, dic dann Richtschnur für die Placierung öffentlicher und die Lenkung privater Investitionen sein muß. Zielsetzung kann sein:

a) die Forcierung einer produktivitätsorientierten Wachstumspolitik. Diese bisher weithin akzeptierte Betonung des Wachstumsaspekts stellte in einer stark exportabhängigen Volkswirtschaft wie in der Bundesrepublik Deutschland vornehmlich auf weltmarktgerichtete Produktion (Automobile) und auf die Förderung sog. Wachstumsindustrien ab. Regionale Investitionslenkung hatte stets auch den Produktivitäts- und Wachstumsaspekt im Auge. Eine wachstumsorientierte Investitionslenkung steht vor dem Problem, in einer Prognose jene Sektoren zu bestimmen, die ein besonders starkes Wachstum versprechen;

b) die Herausbildung einer Produktionsstruktur, welche eine bestmögliche Bedürfnisbefriedigung gewährleistet. War das Problem unter a) ein prognostisches, so ist es hier eher ein analytisches: Die Feststellung einer Bedarfsrangskala, die Maßstab für die investive Verwendung der produktiven Ressourcen sein soll. Kritiker werden argwöhnen, daß damit die Konsumfreiheit gefährdet würde. Davon kann keine Rede sein. Die Planung in makroökonomischen Proportionen, eine nach Bedarfsgruppen detaillierte „Regierungserklärung in Zahlen“ – wie die mittelfristige Finanzplanung genannt worden ist – schränkt die konsumtive Verwendung der Haushaltseinkommen nicht ein. Zumindest nicht stärker, als es heute in einer Situation der Fall ist, die den liberalen Theoretikern die Konsumfreiheit einzig zu garantieren vermag. Auch heute kann der Konsument nur unter den Gütern wählen, die angeboten werden. Das klingt selbstverständlich, weist aber auf die Tatsache hin, daß die Beeinflussungsmöglichkeit der Konsumenten hinsichtlich der Änderung des angebotenen Sortiments sehr begrenzt ist. Bedarfslenkung erfolgt in viel höherem Maße durch den Hersteller. Die Tatsache, daß die Verfechter dieses Prinzips, das Konsumfreiheit einzig garantieren könne, immer wieder die gleichen wenigen Beispiele dafür anführen[13]), daß Bedarfslenkung durch den Hersteller auch einmal scheitern kann, beweist doch nur, wie reibungslos sie gewöhnlich funktioniert.

Das gesamte volkswirtschaftliche Investitionsvolumen wird also je nach Investitionsträger grundsätzlich aufgrund zweier Prinzipien gelenkt – des Rentabilitäts- oder Profitmotivs und des Bedarfsdeckungsprinzips –, welche nicht unbedingt komplementär zu sein brauchen. Das quantitative Verhältnis zwischen privaten und öffentlichen Investitionen und ihre gegenseitige Abhängigkeit macht eine Abstimmung zwischen privaten und öffentlichen Investitionsträgern unumgänglich. Eine solche Abstimmung kann zuweilen für ein einzelnes Unternehmen beschwerlich sein, während sie für den gesamten privatkapitalistischen Teil der Wirtschaft vorteilhaft sein kann. So ist eine straffe Geld- und Kreditpolitik sicher für das einzelne Unternehmen unerfreulich, andererseits zuweilen notwendiges Mittel der Stabilisierungspolitik.

Eine bedeutende private Investition hat nicht nur Auswirkungen für das betreffende Unternehmen, obwohl ein Teil der gesellschaftlichen Effekte über die Kostenseite der privaten Investitionsrechnung in das Kalkül eingehen. Die Grenze zwischen der Wahr-

---

[13]) Das Automobilmodell Ford Edsel und die Schuhe aus dem lederähnlichen Werkstoff Corfam.

nehmung gesellschaftlicher Gesichtspunkte, zwischen privaten und öffentlichen Investoren hat sich ständig verschoben. Es ist unbestritten, daß durch Gesetzgebung und Tarifabkommen Fragen des Arbeitsschutzes, der Arbeitsplatzsicherung, des Umweltschutzes stärker in das privatwirtschaftliche (Investitions-) Kalkül eingebracht worden sind. Andererseits sind Komplexe wie Wohnraumversorgung, Berufsausbildung, soziale Sicherung stärker aus dem privatunternehmerischen Bereich ausgelagert worden.

Sicherlich wird der zunehmende quantitative Anteil öffentlicher Investitionen am Gesamtvolumen der Investitionen den gesellschaftlichen Kriterien in Zukunft stärkeres Gewicht verschaffen. Vieles spricht aber heute dafür, daß öffentliche Investitionen starken Folgecharakter haben. Das bedeutet, daß trotz relativ steigenden Volumens das Profitmotiv indirekt auch Zusammensetzung und Richtung dieser Investitionen bestimmt. Dieser Zustand ist nicht wünschenswert. Vielmehr geht es darum, den gesellschaftlichen Kriterien nicht nur vollen Spielraum bei den öffentlichen Investitionen zu garantieren, sondern ihnen auch mit indirekten oder direkten Mitteln zunehmendes Gewicht bei der Ausrichtung privater Investitionsentscheidungen zu verschaffen.

Lassen Sie mich zur Abrundung die Argumente für eine Investitionslenkung unter drei Aspekten zusammenfassen:

a) Stabilitätspolitik,
b) Strukturpolitik,
c) Gesellschaftspolitik.

a) Zyklen und Investitionen

Ob die Investitionsschwankungen die wichtigste Ursache für einen wechselnden Konjunkturverlauf sind, ist umstritten. Weitgehende Übereinstimmung besteht andererseits darüber, daß der Versuch zur Stabilisierung des Konjunkturablaufs bei den Investitionen anzusetzen hat. Diese Auffassung spiegelt sich auch in den verschiedentlichen Empfehlungen an den Staat wider, seinen Anteil an den gesamten Bruttoanlageinvestitionen der jeweiligen Konjunkturlage anzupassen. Den privaten Investitionen wird damit implizit der Vorrang eingeräumt. Für eine effizientere Stabilitätspolitik ist jedoch die Kenntnis des geplanten Gesamtvolumens der Investitionen – also auch der privaten – und ihre Abstimmung mit dem voraussichtlichen Sparvolumen notwendig. Dies spricht für eine Erfassung auch der privaten Investitionspläne, und zwar nicht nur auf freiwilliger Basis, wie sie im sog. Investitionstest des Ifo-Instituts (München) durchgeführt wird. Um eine stabilitätsorientierte Investitionssteuerung betreiben zu können, müßte diese Erfassung und auch die Realisierung der geplanten Investitionen einen höheren Grad von Verbindlichkeit haben.

Hinzu kommt: Globalsteuernde Konjunkturpolitik wirkt häufig auch selektiv. Das bedeutet, daß eine Konjunkturverstetigung, soll sie ohne starke strukturelle Beschäftigungseinbrüche bei wirtschaftspolitischem Restriktionskurs oder unerwünschte sektorale Boomspitzen bei expansiver Wirtschaftspolitik verlaufen, eine selektive Einflußnahme auf das Schlüsselaggregat der privaten Investitionen erfordert.

b) Industriepolitische und bedarfsorientierte Zielsetzungen

Nicht auf das Niveau der privaten Investitionen, das sich im Extremfall in einer einzigen Wertgröße zusammenfassen läßt, sondern auf ihre regionale und branchenmäßige Verteilung richtet die strukturpolitisch angelegte Investitionslenkung ihr Augenmerk. Dabei läßt sich unterscheiden zwischen zukunfts- und wachstumsorientierter Industriepolitik einerseits und andererseits einer Politik, welche die Produktionsstruktur stärker an den Bedürfnissen der Bevölkerung ausrichten möchte. Dies braucht nicht immer ein Gegensatz zu sein.

Investitionslenkung mit strukturpolitischer Zielsetzung im Sinne einer zukunftsorientierten Industriepolitik geht überein mit den Interessen der privaten Unternehmer. Soweit sie gleichzeitig der langfristigen Sicherung der Arbeitsplätze dient, widerspricht sie in diesem Punkte nicht den Interessen der arbeitenden Bevölkerung. Eine bedarfsorientierte Investitionslenkung stellt diese Interessen hingegen in den Vordergrund. Sie hat zum Ziel, die Struktur der privaten Investitionen und ihre Abstimmung mit den öffentlichen Investitionen auf eine bedarfsgerechtere volkswirtschaftliche Produktionsstruktur auszurichten. Die Indikator- und Stimulanzfunktion des privaten Gewinns, die bei einer industriepolitischen Investitionslenkung ungebrochen bleibt, wird hinsichtlich ihrer Leistungsfähigkeit für die Erstellung eines bedarfsgerechten Gesamtprodukts bezweifelt. Das Umwelt- und Verkehrsproblem, Fragen der Stadtsanierung und Versorgungsmängel im Gesundheits- und Bildungsbereich haben diesen Zweifel bestärkt. Bedarfsorientierte öffentliche Einflußnahme auf private Investitionen wird daher entweder die Rahmenbedingungen für private Gewinnerzielung verändern oder – bei mehr direkten Verfahren der Investitionslenkung – den Spielraum dafür einengen müssen.

c) *Investitionsmacht und demokratische Machtkontrolle*

Nicht unabhängig von den unterschiedlichen strukturpolitischen Zielsetzungen der Investitionslenkung – die wir hier der Kürze wegen mit industriepolitisch und bedarfsorientiert bezeichnen, und die sich auch nicht immer zu widersprechen brauchen – ist der Prozeß, in welchem die konkreten Entwicklungsrichtungen der einzelnen Sektoren bestimmt und die entsprechende öffentliche Einflußnahme auf die privaten Investitionen durchgesetzt werden. Es ist offenbar, daß eine staatliche Lenkungsstrategie auf das Informationspotential und die Planungsfähigkeit der privaten Wirtschaft genausowenig verzichten kann wie auf die Problemkenntnis, die Informations- und Vermittlungsmöglichkeiten der Gewerkschaften. Das Instrument der Investitionslenkung bekommt dann seinen gesellschaftspolitischen Stellenwert, wenn es um die Beteiligung der verschiedenen gesellschaftlichen Gruppen an der Ausrichtung und Durchsetzung ihrer Zielsetzungen geht. Eine industriepolitische Zielsetzung ist im Extremfall unter ausschließlicher Beteiligung der privaten Unternehmerwirtschaft denkbar. Eine bedarfsorientierte Zielsetzung verlangt eine stärkere öffentliche Einflußnahme auf die privaten Investitionsentscheidungen.

Tatsächlich ist die Investitionslenkung ein Schritt auf dem Wege zu einem verstärkten Interventionismus. In dem Maße, in dem der Wettbewerb die für die Stabilität der Wirtschaft und für die Qualität des Sozialprodukts entscheidende Investitionsautonomie des sich zunehmend konzentrierenden privaten Unternehmenssektors nicht mehr kontrollieren kann, muß Investitionslenkung ein Gegengewicht bilden.

Die Kontrolle marktbeherrschender Unternehmen soll durch die Kartellrechtsnovelle von 1973 verstärkt werden. Und es ist kein Zufall, daß die Investitionslenkung nicht nur als wirtschaftspolitisches Steuerungsinstrument, sondern auch als gesellschaftspolitisches Reformkonzept wieder zunehmend in die aktuelle Diskussion gekommen ist.

Ich habe mit einigen Ziffern über Investitionskonzentration begonnen. Die Zusammenballung ökonomischer Entscheidungsmacht in relativ wenigen Unternehmenszentralen – ein durchgehendes Kennzeichen entwickelter kapitalistischer Volkswirtschaften – hat die Unterscheidung der ökonomischen Theorie zwischen Mikro- und Makroökonomik obsolet gemacht. Danach obliegt der Mikroökonomik das Studium der zahllosen Wirtschaftseinheiten (Haushalte und Unternehmen), während die Makroökonomik sich mit den gesamtwirtschaftlichen – quasi unpersönlichen – Aggregaten, wie gesamter privater Konsum, Gesamtinvestitionsvolumen, Außenhandel, Bruttosozialprodukt und dergleichen, befaßt. Die herrschende Wirtschaftspolitik spiegelt diese Dichotomie wider in ihrem doppelten Interventionsansatz als Wettbewerbspolitik, welche die Funktionsfähigkeit der Märkte wieder herstellen soll – Galbraith nennt dies den letzten verzweifelten Versuch eines resignierenden Verstandes –, und als Stabilitätspolitik nach Keynes'schem Muster, welche sich als staatliches Management der gesamtwirtschaftlichen Nachfrage versteht. Diese globalen, nachfrageorientierten Interventionen sollen, so die zugrundeliegende Vorstellung, durch den Marktmechanismus disaggregiert und in Produktions- und Investitionsentscheidungen der unzähligen Unternehmen umgeformt werden. Diese Vorstellung unterschätzt allerdings die Autonomie des sich neu herausgebildeten meso-ökonomischen Konzentrationsblocks, in Galbraith's Terminologie das privatwirtschaftliche planning-system, das bereits den größeren Teil der Produktion hervorbringt. Die Erwartungen, denen staatliche Wirtschaftspolitik heute gegenübersteht, können allenfalls erfüllt werden, wenn sich der Lenkungsinterventionismus zunehmend auf die Angebotsseite erstreckt, d. h. auf die Lenkung der Investitionen selbst.

Diejenigen, die heute für Investitionslenkung plädieren, geben sich keinen Illusionen darüber hin, daß dieses Konzept nicht nur als Instrument zu einer demokratischen Machtkontrolle eingesetzt, sondern auch in den Dienst des konzentrierten Kapitals genommen werden kann. Daß die Einsicht in die Notwendigkeit einer überbetrieblichen Investitionslenkung sich durchsetzen wird, erscheint ihnen allerdings sicher – und sei es in den späten siebziger Jahren unter einem Bundeskanzler Biedenkopf.

Replik

von Dipl.-Kfm. Arno Sölter,
Leiter der Abteilung Wettbewerbsordnung des Bundesverbandes der Deutschen Industrie (BDI), Köln

Ich muß ein Zitat von Herrn Meißner ergänzen und darf überdies meine Konzeption einer Investitionskooperation in Kürze erläutern. Herr Meißner, Sie haben mich wie folgt zitiert: „Es ist nicht einzusehen, daß eine sinnvolle kooperative Investitionsplanung marktwirtschaftswidrig sein sollte." Dieses Zitat setzt sich jedoch auf Seite 51 meines Buches „Investitionswettbewerb und Investitionskontrolle" (in dem ich übrigens meine strikt persönliche Meinung vertrete) wie folgt fort: „... sollte, während auf der anderen Seite ein führender Beamter des BMWi. (Otto Schlecht) zur staatlichen Strukturpolitik folgendes feststellt: ‚Richtig verstandene Strukturpolitik verstößt nicht gegen die Grundsätze unserer marktwirtschaftlichen Ordnung und verdient deshalb kein Mißtrauen. Ihr Ziel ist es, die Wettbewerbswirtschaft dort zu ergänzen oder zu korrigieren, wo sie aufgrund von Marktunvollkommenheiten nicht funktioniert oder wo das Ergebnis ihres Kräftespiels den Zielsetzungen der marktwirtschaftlichen Ordnung zuwiderliefe'."

Ich habe in meinem Buch einleitend ungefähr 10 Investitionsgebiete – und das sind volumenmäßig die hauptsächlichsten – aufgeführt, bei denen eine Kooperation auf dem Investitionsgebiet für mich als

Marktwirtschaftler grundsätzlich außer Betracht fällt. Mein Vorschlag für eine Investitionskooperation beschränkt sich allein auf homogene Massengüter, die in hochkapitalintensiver Produktionsweise erstellt werden. Bei homogenen Massengütern, oder wie der Präsident des Bundeskartellamtes Prof. Günther zu sagen pflegt: bei „identischen Gütern", hat der Individualwettbewerb die Tendenz zu Überspitzungen und Entartungen. Selbst Günther, der gewiß nicht im Verdacht steht, wettbewerbswidrige Ideen zu vertreten, stellte im Arbeitskreis I „Ist die Freiheit des Wettbewerbs bedroht?" anläßlich der BDI-Mitgliederversammlung 1972 fest: „Abschließend bezeichnete Präsident Günther eine Auflockerung des Kartellverbots für erwägenswert, sofern es den Bedürfnissen der Wirtschaftspraxis nicht mehr entspreche. Als Beispiel nannte er Investitionsabsprachen in interdependenten Industriezweigen und Konditionenvereinbarungen" (BDI-Mitteilungen Nr. 8/1972, S. 2).

Es wird immer wieder der Fehler begangen, den „atomistischen Überflügelungswettbewerb" als Ideal hinzustellen und dann, wenn der Wettbewerb nicht so funktioniert, wie die Lehrbücher es fordern, zu behaupten, die Marktwirtschaft funktioniere nicht. Diese Vorstellung ist aber unrealistisch, denn der Wettbewerb wirkt heute in ganz neuen und zum Teil weit wirksameren Dimensionen. Ich habe ungefähr 30 Wettbewerbsparameter zusammengestellt, die in hohem Maße dynamisch, leistungssteigernd und ausleseaktiv sind. Ich nenne sie zusammenfassend „Allparameterwettbewerb". Dazu gehören z. B. Qualitätswettbewerb, Innovationswettbewerb,

Aktionswettbewerb, Gruppenwettbewerb (Kooperation).

Was die Kooperation der Hersteller von homogenen Massengütern auf dem Investitionsgebiet anbelangt, so muß man auch hier stark differenzieren. Ich habe in meinem erwähnten Buch in erster Linie eine *Informations*kooperation unter den Beteiligten vorgeschlagen. Danach sollen diese lediglich berechtigt sein, sich wechselseitig über Investitionspläne zu unterrichten, um nicht aus Informationsmangel Investitionen „ins Blaue hinein" zu planen. Wenn darüber hinaus eine effektive Kooperation, also eine Investitionsabstimmung, ins Auge gefaßt werden sollte, müsse ein Erlaubnisantrag bei der Kartellbehörde vorgesehen werden, weil eine solche Kooperation auch nach meiner Auffassung ein so starker Eingriff in die Wettbewerbsordnung wäre, daß er von den Beteiligten nicht autonom vollzogen werden kann. Ich habe in meinem Buch des weiteren geschrieben, daß bereits jetzt im § 4 GWB eine Vorschrift über Strukturkrisenkartelle enthalten ist, wonach Branchen, die sich in einer Strukturkrise befinden, gemeinsam einen Kapazitätsabbau betreiben können. Ich sehe nicht ein, warum man im Kapazitätsbereich erst dann kooperieren können sollte, wenn das Kind bereits in den Brunnen gefallen ist.

Ordnungspolitische Aspekte überbetrieblicher Investitionsplanung — Vereinbarkeit mit der Marktwirtschaft

von Professor Dr. Gernot Gutmann,
Universität Köln

I.

Die wissenschaftlich anspruchsvollste und umfassendste Publikation zum Thema „Investitionslenkung“ in der Bundesrepublik, die es derzeit gibt, ist zweifellos die von Herrn Kollegen Meißner vorgelegte[1]). Mit seinen zum Teil recht differenzierten Vorstellungen zu den Formen der indirekten und der direkten Investitionslenkung hat er sie in seinem Referat bekannt gemacht. Es wäre nun m. E. nicht angemessen, wollte man sich in einem kritischen Korreferat *ausschließlich* mit den wissenschaftlichen Überlegungen von Herrn Meißner beschäftigen, denn das Thema Investitionslenkung muß man im Kontext mit Gedanken und Überzeugungen sehen, wie sie von bestimmten politischen Gruppen häufig vorgetragen werden und die erheblich über das hinausgehen, was bei Meißner etwa unter dem Stichwort „direkte Eingriffe mit selektivem Charakter“ zu finden ist. Erst in diesem Kontext erhalten seine Überlegungen ihre eigentliche politische Brisanz. Es sei deshalb erlaubt,

---

[1]) Meißner, Werner, „Investitionslenkung“, Frankfurt 1974.

zunächst auf einige Vorstellungen solcher Gruppen ergänzend einzugehen.

Der Gedanke der Investitionslenkung – oder anders ausgedrückt: der Investitionskontrolle –, wie es von solchen politischen Gruppierungen heute propagiert wird, stammt aus einem am Marxismus orientierten Denkmuster, nach welchem die sogenannte kapitalistische Produktionsweise notwendig durch „Ausbeutung der Lohnabhängigen" seitens der „Kapitalisten" charakterisiert ist. In einer solchen „kapitalistischen Wirtschaftsweise" sei alles ökonomische Geschehen und auch alle wirtschafts*politische* Bemühung letztlich daraufhin ausgerichtet, den „Verwertungsinteressen des Kapitals" – also der Profitgier – zu dienen. Die Bedürfnisse der arbeitenden Bevölkerung würden in eben diesem Verwertungsinteresse seitens „mächtiger Konzerne" – insbesondere durch das Mittel der Werbung – so manipuliert, daß die Menschen ihre eigentlichen und objektiven Bedürfnisse gar nicht zu erkennen vermöchten. Die Wirtschaftsordnung der Bundesrepublik sei durch einen Prozeß beschleunigter Konzentration und Zentralisierung der Macht in den Händen weniger gekennzeichnet, wodurch die „gesellschaftlichen Widersprüche" und die „Klassengegensätze" verschärft und die gesellschaftlichen Kräfteverhältnisse immer weiter zugunsten des „privaten Kapitals" und zu Lasten der „lohnabhängigen Bevölkerung" verlagert würden.

Von dieser Vorstellungswelt nimmt die Forderung nach Investitionskontrollen im politischen Bereich ihren Ausgang. Es ist freilich gar nicht so einfach, aus gelegentlichen Äußerungen einzelner Politiker oder auch Gewerkschaftler zu erkennen, welches wirtschafts- und gesellschaftspolitische Konzept hinter dem Wort „Investitionskontrolle“ steckt; ja man hat gelegentlich sogar den Eindruck, daß Verfechter dieser Art von Investitionssteuerung – abgesehen von einem mehr oder weniger ungenau artikulierten Gefühl des Mißtrauens und des Widerwillens gegen die bestehende Wirtschaftsordnung – gar kein klar durchdachtes und rationales wirtschaftsordnungspolitisches Grundkonzept besitzen, in dessen Rahmen dann die Investitionskontrolle ihren klar umrissenen Stellenwert hätte. Im Augenblick scheint mir eine solche Gesamtkonzeption noch am deutlichsten in einem Beschluß in Erscheinung zu treten, den der Bundeskongreß der Arbeitsgemeinschaft der Jungsozialisten in der SPD in der Zeit vom 25.–27. Januar 1974 in München zur sogenannten Demokratisierung der Wirtschaft gefaßt hat[2]).

II.

1. Die dort geforderte Investitionskontrolle wird als ein Aspekt dessen begriffen, was man den notwendigen Prozeß einer Demokratisierung der Wirtschaft nennt. Die angeblich sich verschärfende Konzentration und Zentralisierung der Macht in den Händen weniger habe nämlich für die Wirtschaft der Bundesrepublik folgende Konsequenzen:

---

[2]) Jungsozialisten-Informationsdienst Nr. 3, Jan. 1974, S. 17 bis 20.

a) Eine Steigerung der Güterpreise;

b) Manipulation der Verbraucherwünsche im Profitinteresse der Unternehmer;

c) Abhängigkeit des Staates von den Interessen der „Konzerne". Eine staatliche Planung im Interesse der „Durchsetzung der Ziele der Lohnabhängigen" – was das sein soll, wird nicht konkret ausgesagt – sei solange nicht möglich, als die öffentlichen Organe von den bereits getroffenen Entscheidungen der „Konzerne" über ihre Investitionen, die Gestaltung ihrer Arbeitsprozesse und ihre Absatzstrategien abhängig seien.

d) Infolge dieser Abhängigkeit des Staates von solchen Entscheidungen der „Konzerne" sei die traditionelle Wirtschaftspolitik daraufhin ausgerichtet, den Profitinteressen der Kapitalisten zu dienen und nicht den „Bedürfnissen der Gesellschaft" – was immer man sich auch darunter vorzustellen hat.

Um diese angeblichen Konsequenzen des behaupteten Prozesses der Konzentration und der Zentralisierung von Macht in den Händen weniger von ihrer vermeintlichen Ursache her zu beseitigen, sei eine „Demokratisierung" der Wirtschaft zwingend notwendig. Nur so sei die Gewähr dafür zu schaffen, daß sich die Produktion an den „gesellschaftlichen Interessen" orientiere.

2. Wie soll nun diese „Demokratisierung" aussehen? – Gemäß dem Beschluß der Jungsozialisten soll sie

durch eine Strategie verwirklicht werden, die über die Realisierung zweier *Zwischenziele* läuft. Diese beiden Zwischenziele sind:

a) *Mitbestimmung* der Arbeitnehmer am Arbeitsplatz, im Betrieb und in der Unternehmung – verstanden als *paritätische* Mitbestimmung (diese ist jedoch nicht Thema dieses Referats);

b) *Investitionskontrolle* in Verbindung mit Überführung von Schlüsselindustrien und Banken in sogenanntes demokratisch kontrolliertes Eigentum.

Bei dem Wort „Investitionskontrolle" läßt sich an zweierlei denken:

– entweder an eine *indirekte* Investitionslenkung

– oder an eine *direkte* Investitionslenkung, im Extrem an eine direkte Investitionslenkung mit *selektivem Charakter*.

3. Unter *indirekter* Investitionslenkung wird der Einsatz solcher wirtschaftspolitischer Instrumente wie Veränderung der öffentlichen Nachfragestruktur, Einführung oder Beseitigung von Steuern und Subventionen, Veränderung in den Modalitäten der steuerlich zulässigen Abschreibungen, Gewährung von Zinszuschüssen und Gewerbesteuerentlastungen etc. verstanden, durch welche die Unternehmer im Wege der *Beeinflussung der äußeren Daten* ihrer Kalkulation und Planung zu einem Investitionsverhalten angereizt werden sollen, das nach den Vor-

stellungen der wirtschaftspolitisch Verantwortlichen den jeweiligen konjunkturellen sektoralen oder regionalen Erfordernissen entspricht. Die Freiheit der Investitionsentscheidung bleibt dabei im Rahmen der wirtschaftspolitisch gesetzten Daten prinzipiell unangetastet.

Diese Art der indirekten Investitionslenkung, die von den Instanzen der staatlichen Wirtschaftspolitik ja längst praktiziert wird und deren Wirksamkeit Meißner in seiner Publikation ausführlich darlegt und untersucht, wird jedoch von den Autoren des zitierten JUSO-Beschlusses als ungeeignet zur Bekämpfung dessen angesehen, was man die „Krise des marktwirtschaftlichen Systems" nennt, da sie folgende Wirkungen habe:

a) Es ergäbe sich für die wirtschaftspolitischen Organe des Staates ein Zwang, die Wirtschaftspolitik an den Gewinnerwartungen der Unternehmer auszurichten. Das wird natürlich – getreu dem vorhin skizzierten Denkmuster – als den wirklichen „gesellschaftlichen Bedürfnissen" zuwiderlaufend betrachtet.

b) Durch diese indirekte Art wirtschaftspolitischer Investitionslenkung entstünden sektoral oder regional einerseits Überkapazitäten und andererseits Produktionsengpässe.

c) Der Konzentrationsprozeß werde verschärft.

d) Die öffentlichen Einnahmen und Ausgaben würden verstärkt konjunkturabhängig.

e) Die Einkommens- und Vermögensverteilung würde ungerecht.

f) Das Entstehen sozialer Kosten, die mit Investitionsprojekten verbunden sein könnten, würde vernachlässigt.

g) Die Regional- und Strukturpolitik des Staates bleibe wirkungslos.

Diese Form der indirekten (wirtschaftspolitischen) Investitionslenkung trägt natürlich nichts zu dem Konzept der angestrebten „Demokratisierung" der Wirtschaft bei, sondern das marktwirtschaftliche System bleibt grundsätzlich unverändert. Das stellt auch Meißner im Zusammenhang mit einigen Modellüberlegungen über die Brauchbarkeit von Subventionen und Strafsteuern in einem Programm der Investitionslenkung fest, wenn er schreibt[3]):

„Die möglichen Schwächen des Einsatzes von investitionslenkenden Subventionen in einem Programm der Investitionslenkung ergeben sich aus der Verankerung dieser Maßnahmen in marktwirtschaftlichen Prozessen, aus der impliziten Anerkennung und Ausnutzung dieser Prozesse. Dadurch kann die Zielvorstellung einer Modifizierung des kapitalistischen Systems verloren gehen. Dies gilt insbesondere für die schwächeren Formen der Investitionslenkung. ... Im Kern handelt es sich hier um ein kapitalistisches System mit fortentwickelter Rahmenplanung und Durchsetzung dieser Rahmenplanung mit nur markt-

---

[3]) Meißner, Werner, a.a.O., S. 77.

wirtschaftlichen Instrumenten. Das Privatkapital wird entweder diese Maßnahmen zu seinem Vorteil ausnutzen wollen, indem es versuchen wird, Gewinne bei vermindertem Risiko zu erreichen, oder wird sich, wenn dies nicht möglich sein sollte, etwa weil Zusatzkontrollen der Kosten- und Gewinnentwicklung dies verhindern, dieser Entwicklung widersetzen."

4. In dem zitierten Beschlußpapier der Jungsozialisten wird daher auch die *direkte* Investitionslenkung gefordert. „*Direkte Investitionslenkung*", so schreibt auch Meißner, „*stützt sich nicht auf den Marktmechanismus, sondern will seine Fehlentwicklungen planmäßig korrigieren: Produktionsstrukturen, die in kapitalistischen Marktwirtschaften das Ergebnis ungleicher Verteilungs- und damit Nachfragestrukturen sowie zunehmender Konzentration und damit privatkapitalistisch orientierter Bedarfslenkung sind, werden nicht zu einer bedürfnisgerechten Versorgung der Bevölkerung führen, wenn sie unkorrigiert sich herausbilden können.*"[4])

Die von den Jungsozialisten geforderte *direkte Investitionskontrolle* läßt sich nun wie folgt skizzieren:

Es soll eine staatliche Behörde in der Form eines *Investitionskontrollamts* eingerichtet werden, das dann die Aufgabe hat, in einem Genehmigungsverfahren über solche Investitionsvorhaben zu bescheiden, für die eines (oder gar mehrere) der folgenden Kriterien gilt:

---

[4]) Ebenda, S. 119.

a) Die Investition ist umweltbelastend oder sonstige soziale Kosten verursachend.

b) Die Investition nimmt soziale oder materielle Infrastruktur in Anspruch.

c) Die Investition ist ihrem Typ oder ihrem Umfang nach gesamtwirtschaftlich strukturbestimmend.

d) Die Investition wird in einem Sektor der Wirtschaft vorgesehen, der sich aus strukturpolitischen Gründen nicht erweitern darf, sondern der schrumpfen soll.

Wenn ich es richtig sehe, dann wird praktisch jedes Investitionsvorhaben einem solchen Genehmigungsverfahren unterworfen werden müssen, damit festgestellt werden kann, ob eines der genannten Kriterien zutrifft, oder ob das Vorhaben „unbedenklich" ist.

5. Da jedoch die Planungs*initiative* (d. h. das Auslösen eines Genehmigungsverfahrens) bei den Unternehmungen verbleibe, entstünden nach Ansicht der Autoren des zitierten Beschlusses *nach* der Einführung des Investitionskontrollamts noch folgende wichtige Fragen:

a) Wie können *solche* Investitionen geplant werden, die zwar volkswirtschaftlich *notwendig* sind, die aber *nicht* von Unternehmungen zur Realisierung vorgeschlagen werden?

b) Wie lassen sich öffentliche und private Investitionsvorhaben koordinieren?

c) Welche Entscheidung soll das Investitionskontrollamt dann treffen, wenn das *Gesamtvolumen* der Investitionsanträge, die aus den Unternehmungen kommen oder vom Staat vorgesehen werden, *größer* ist als der Gesamtumfang der behördlich *gewollten* Investitionen, wobei aber alle beantragten Einzelprojekte „wünschbar" sind?

d) Wie sollen Investitionen *dann* umgelegt werden, wenn sich herausstellt, daß sich die Investitionsanträge aus den Unternehmungen auf *solche* Sektoren der Volkswirtschaft konzentrieren, die für die „private Kapitalverwertung" günstige Bedingungen bieten, die also gewinnversprechend sind?

e) Wie sollen solche Investitionen *verhindert* werden, die dem Ziel dienen, die Konkurrenz auszuschalten?

Ob es sich dabei um Investitionsvorhaben handelt, die der Konkurrenz deswegen gefährlich werden, weil sie gegenüber der bisher angewendeten eine *neue*, technisch weit überlegene Produktionsmethode ermöglichen und somit dem technischen Fortschritt zum Durchbruch verhelfen, oder aber um Vorhaben, die – aus einer bereits vorhandenen Marktmachtstellung heraus vorgenommen – lediglich den Zweck verfolgen, den eigenen Marktanteil zu Lasten der Konkurrenten so auszuweiten, daß die bereits bestehende eigene Marktmacht noch verstärkt wird, darüber wird weiter nichts ausgesagt.

6. Da jedoch das Investitionskontrollamt nicht von sich aus aktiv wird, sondern nur auf Investitions-

anträge seitens der Unternehmungen mit Genehmigungen oder Verweigerungen reagiert, könne es – falls keine zusätzlichen Transformationen der bestehenden Ordnung vorgenommen werden – mit diesen Problemen *nicht* fertig werden.

Einen ersten Schritt zur Bewältigung dieser Schwierigkeiten scheint Krüper in Folgendem zu sehen[5]):

a) Einführung einer umfassenden Werbungskontrolle mit partiellen Verboten zur Werbung.

b) Umstrukturierung der Werbeausgaben der Wirtschaft zugunsten der „gesellschaftlichen Bedürfnisse". – Das muß wohl heißen: Werbeausgaben werden lediglich für *solche* Produktionsvorhaben gestattet, die das Investitionskontrollamt oder eine sonstige Behörde als den „gesellschaftlichen Bedürfnissen" dienlich ansieht.

c) Finanzierung dieser Werbeausgaben durch die Industrie. – Da man jedoch kaum annehmen kann, daß ein Unternehmen freiwillig bereit ist, Werbeausgaben zu finanzieren, die einer ganz anderen Branche zugute kommen, dem eigenen Unternehmen jedoch nichts nützen, ja vielleicht sogar den eigenen Zielen schaden können, ist wohl eine solche Umlenkung von Werbeausgaben nur auf dem Wege des Eintreibens von Werbe-Zwangsbeiträgen vorstellbar.

---

[5]) Krüper, Manfred, Abschnitt „Großbanken verstaatlichen" des Artikels: „Wer soll wo wieviel investieren", in: Wirtschaftswoche Nr. 49 vom 30. Nov. 1973, S. 70–73; hier S. 73.

Gleichwohl sei das geforderte Investitionskontrollamt *nicht* in der Lage zu verhindern, daß sich alle Maßnahmen der Investitionskontrolle letztlich doch immer noch nur als eine „Koordination monopolistischer Wirtschaftsstrategie" erweisen könnten. Daher sei als *flankierende* Maßnahme ein *Mindestmaß* an „Vergesellschaftung" von Schlüsselindustrien (Energie, Stahl, Chemie, Rüstung, Elektronik etc.) sowie der bisher privaten Banken (insbesondere der Großbanken) *notwendig*. Erst mit Überschreitung dieses „Mindestmaßes" an „Vergesellschaftung" könne eine planvolle Investitionslenkung im Interesse der arbeitenden Bevölkerung – wie auch immer dieses Interesse im Urteil der Jungsozialisten aussehen mag – vorgenommen werden. Unter „Vergesellschaftung" wird dabei die Übernahme von *Eigentumstiteln* und *Verfügungsgewalt* über die Produktionsmittel durch „gesellschaftlich kontrollierte Organe" verstanden, die sich aus Vertretern der im Unternehmen beschäftigten Arbeitskräfte, aus Vertretern der Gewerkschaften und aus Vertretern der jeweils in Frage kommenden Gebietskörperschaften zusammensetzen sollen.

7. *Nach* erreichter „Vergesellschaftung" dieser Schlüsselindustrien und der Banken könne die Tätigkeit des Investitionskontrollamts in eine Form der Investitionslenkung eingebettet werden, die wie folgt umschrieben wird:

a) Es wird ein *verbindlicher* gesamtwirtschaftlicher Investitionsplan aufgestellt, der *alle* öffentlichen und *alle* privaten Investitionen einer bestimmten Wirtschaftsperiode *sektoral* und *regional* gegliedert enthält:

b) Bei wichtigen Großprojekten erfolgt die *Durchführung* der Investitionen im „vergesellschafteten" Bereich der Wirtschaft zentral, d. h. wohl unter unmittelbarer Aufsicht und Weisungsbefugnis der Investitionsbehörde.

c) Investitionen, die nicht solche Großprojekte darstellen, werden *dezentral* durchgeführt, sei es in den noch privaten Betrieben oder im öffentlichen Bereich der Länder und Gemeinden. – Ob es sich dabei im einzelnen nur um die Erteilung einer beantragten Genehmigung handelt oder auch um Investitions*angebote* an die Unternehmungen, das wird aus dem Text des Beschlusses nicht klar. – Nach den Vorstellungen Meißners wird es direkte Investitions*gebote* nur in solchen Bereichen geben, in denen kein Privateigentum an Produktionsmitteln besteht[6]). Das würde dann aber – erinnert man sich der Vergesellschaftungspläne der Jungsozialisten für die Bereiche Energie, Stahl, Chemie, Elektronik, Rüstung und Banken – eben in allen diesen Sektoren der Volkswirtschaft möglich sein.

d) Bei Investitionen, die außerhalb des „vergesellschafteten" Sektors der Wirtschaft vorgenommen werden sollen, erfolgt die Steuerung im Wege der *Kreditzuteilung* durch die ja ebenfalls „vergesellschafteten" Banken, die auf diese Weise zum Vollzugsorgan des gesamtwirtschaftlichen Investitionsplans werden. Für *jeden* Sektor der Volkswirtschaft soll ein bestimmtes Kreditvolumen festgelegt und bereitgestellt werden.

---

[6]) Meißner, Werner, a.a.O., S. 125.

8. Es erhebt sich natürlich auch die Frage, wie man für das Aufstellen eines solchen vollzugsverbindlichen Investitionsplans und für die Verweigerung oder Genehmigung von Investitionsanträgen zu einer brauchbaren *Rangskala der Wichtigkeit* der einzelnen Projekte kommt. „*Festlegen von Bedarfsprioritäten*", so schreibt Meißner, „*ist Voraussetzung für einen Perspektivplan, der auf der Grundlage einer prognostischen Abschätzung der technologischen Entwicklungsmöglichkeiten Angaben enthält über die angestrebte Wachstumsrate, über Aufteilung des Gesamtprodukts auf Konsum und Investition, über die Aufteilung zwischen kollektiv und individuell zu deckendem Bedarf und damit über die Relation von privater und öffentlicher Nachfrage; weiter über die angestrebte Wirtschaftsstruktur und damit über die sektorale und regionale Allokation öffentlicher und privater Investitionen.*"[7])

Meißner verwahrt sich dagegen, daß eine solche Bedarfsrangordnung eine „Konsumliste" sei, welche die Konsumfreiheit beschneidet und als Versuch verstanden werden könnte, „*... den Befürworter von investitionslenkenden Maßnahmen als ‚Bedürfniskommissar' zu diffamieren, der seine eigene – egalitäre oder elitäre, kleinbürgerliche oder sozialistische oder wie immer geartete – Präferenzvorstellung zum Maßstab des Konsum- und Lebensstils verplanter Verbraucher machen möchte.*"[8])

Gleichwohl bleibt festzuhalten, daß diese Bedarfsrangordnung zur Aufgabe einer *politischen* Instanz

---

[7]) Ebenda, S. 121.
[8]) Ebenda, S. 121.

gemacht wird. Sie soll nach einem Vorschlag von Zinn und anderen – der Wichtigkeit nach geordnet – so aussehen[9]):

1. Investitionen für den individuellen Grundbedarf,
2. Investitionen für den öffentlichen Grundbedarf,
3. Investitionen für den gehobenen Individualbedarf,
4. Investitionen für den öffentlichen Zusatzbedarf,
5. Investitionen für den privaten Luxus.

Selbst Gerhard Kade, der nun wirklich nicht in dem Verdacht steht, ein Apologet des Kapitalismus zu sein, meint zu diesem in eine Rangfolge gebrachten Zielkatalog, man könne nicht umhin, „... *ihn als das Ergebnis einer Introspektion einzustufen, die sich nur im kleinbürgerlichen Milieu eines deutschen Universitätsprofessors abspielen könnte.*“[10])

9. Die Erarbeitung dieser Bedarfsrangskala soll entsprechend den Vorstellungen von Zinn einem *parlamentarischen Verfahren* unterliegen, wobei sich das Parlament bei seiner Entscheidungsfindung der Dienste eines „Wirtschafts- und Sozialrats“ bedient, der entweder aus Vertretern „bestimmter Gruppen“ zusammengesetzt werden soll (Meißner denkt dabei an Vertreter der Verbraucher- und Unternehmerverbände, der Gewerkschaften, Kirchen und organisierter Bürgerinitiativen) oder aus Vertretern parlamen-

---

[9]) Vgl. Krüper, Manfred, a.a.O., S. 73.

[10]) Kade, Gerhard, „Kriterien einer gesamtwirtschaftlich orientierten Investitionssteuerung“, in: Investitionskontrolle gegen die Konzerne?, hrsg. v. Manfred Krüper, Reihe rororo aktuell, Bd. 1967 A, S. 33–44; hier S. 42.

tarischer Gremien der Gebietskörperschaften. Die Funktionen dieses Wirtschafts- und Sozialamts müßten jedoch sehr viel weiter reichen als die einer extensiv ausgelegten und gehandhabten konzertierten Aktion.

10. Der nach dieser Bedarfsrangordnung aufgestellte *verbindliche* Investitionsplan soll *seinerseits* zum integrierten Bestandteil einer längerfristigen „volkswirtschaftlichen Rahmenplanung" gemacht werden, welche die Grundlage für die öffentliche Wirtschafts- und Sozialpolitik darstelle. Dieser Rahmenplan müsse von „gewerkschaftlich bestimmten Selbstverwaltungs-Planungskommissionen" aufgestellt werden.

III.

1. *Welche Konsequenzen* für die Wirtschafts- und Gesellschaftsordnung der Bundesrepublik wären zu erwarten, würde das skizzierte Konzept der Investitionskontrolle verwirklicht, das von seinen Protagonisten als Zwischenziel auf dem Wege zu einer sogenannten „sozialistischen Gesellschaft" verstanden wird?

2. Vermittels des Investitionskontrollamts soll – dem vorgetragenen Konzept gemäß – der Weg zu einer „Demokratisierung" der Wirtschaft beschritten werden. Sieht man einmal davon ab, daß die Vokabeln „Demokratie" und „demokratisch" heute überall – auch in kommunistischen und faschistischen Diktaturen – treuherzig und zynisch dazu verwendet wer-

den, die jeweils *eigene* politische Ordnung zu kennzeichnen, und sich somit als Leerformeln erweisen, die jedermann mit beliebigem Inhalt füllen kann, so bleibt noch die Tatsache bestehen, daß auch in der *wissenschaftlichen* Auseinandersetzung mit diesen Begriffen recht Unterschiedliches verstanden wird. Man hat das Wesen der politischen Demokratie in der Verwirklichung der politischen und sozialen Gleichheit aller Staatsbürger in der gesicherten Freiheit des Individuums, in der Postulierung bestimmter Staatsformen, in der Forderung nach bestimmten Organisationsprinzipien (Gewaltenteilung), aber auch bloß in der Sicherung des Mehrheitsprinzips bei Wahlen, Volksabstimmungen und Beschlußfassungen von Kollegialorganen gesehen[11]). Man wird es daher schwer haben, den Verfechtern des Gedankens der Investitionskontrolle nachzuweisen, daß die Verwirklichung ihres Konzepts *eher* dazu angetan ist, Demokratie zu *zerstören* als sie zu fördern, und zwar deshalb, weil bei einer solchen Auseinandersetzung sofort unterschiedliche Demokratieverständnisse im Spiele sind, die ihrerseits möglicherweise in unterschiedlichen Freiheitsbegriffen wurzeln. Dennoch meine ich, es lassen sich die folgenden Zusammenhänge leicht erkennen:

3. Investiert wird in privaten Unternehmungen in der Regel nur dann, wenn die Investition gewinn- und rentabilitätsversprechend ist oder erscheint. Die Rentabilitätserwartungen investierender Unternehmer lassen sich in einer Marktwirtschaft aber immer

---

[11]) Vgl. Peters, Hans, Artikel „Demokratie", in: Staatslexikon, Recht, Wirtschaft, Gesellschaft, hrsg. v. d. Görres-Gesellschaft, 6. Aufl., 2. Band, Freiburg 1958.

nur *dann* erfüllen, wenn es gelingt, vermittels der neuen Anlagen Güter herzustellen, die sich an den Märkten auch *absetzen* lassen. Es entsteht hieraus ein vitales Interesse des Unternehmers, die künftigen Absatzchancen für sein Produkt sorgfältig zu prüfen, will er nicht Gefahr laufen, auf seinen Investitionskosten sitzen zu bleiben. Die Vorstellung, es bedürfe nach getroffener Investitionsentscheidung lediglich eines genügenden Maßes an „das Bewußtsein der Käufer manipulierender“ Werbung, um eine Art Absatz- und Gewinngarantie zu erhalten, ist schlechthin primitiv und widerspricht sowohl wissenschaftlicher Erkenntnis wie auch praktischer Erfahrung. Die Theorie des Konsumentenverhaltens, die im Grenzgebiet zwischen Wirtschaftswissenschaft, Psychologie und Soziologie angesiedelt ist, gehört mit zu den *schwierigsten* Kapiteln sozialwissenschaftlicher Forschung. Wir wissen, daß der Entscheidungsprozeß, der zum Kauf einer bestimmten Menge eines Gutes führt, von einem Komplex von Informationen ausgeht, die das Individuum aufnimmt und die unmittelbar von dem in Rede stehenden Gut selbst ausgehen können, wenn seine Verwendbarkeit, seine Qualität, sein Preis oder andere seiner objektiven Merkmale *unmittelbar beobachtet* werden; solche Informationen können aber *auch* in Zeichenform aufgenommen werden, wenn der Anbieter (richtige oder falsche) Angaben über Verwendbarkeit, Qualität, Preis oder andere Eigenschaften des Gutes macht; sie können aber auch sozialer Art sein und von der Familie, der sozialen Schicht oder der Referenzgruppe ausgehen, an deren Verhalten sich ein Individuum orientiert. Diese Informationen bringen Wahrnehmungen hervor, die ihrerseits auf die kognitive Struktur des betreffenden Käufers treffen, also auf seine *Motivationen*, seine *Attitüden* und seine *sonstigen Persönlichkeitsmerkmale*. Aus dem Zusammentreffen wahrgenommener Informationen mit der kognitiven Struktur des potentiellen Käufers entsteht dann in einem wissenschaftlich bei weitem noch nicht zureichend geklärten Prozeß die Kaufentscheidung oder die Ablehnung des Produkts. Diesen äußerst komplizierten Vorgang auf die simple Formel zu reduzieren, der private Konsument sei hilflos den Werbeeinflüssen profitgieriger Kapitalisten ausgeliefert, ist geradezu albern. Ich möchte mit Helmut Schoeck sagen: *„Wer die Werbung für Verbrauchsgüter beklagt und als Hauptbeweis für die Sinnlosigkeit der Industriegesellschaft ins Feld führt, sei es im Gewand einer Pseudowirtschaftslehre wie Galbraith, sei es mit eschatologischem Pathos wie Herbert Marcuse, beweist Kenntnislosigkeit als Sozialwissenschaftler.“*[12]) Ganz abgesehen davon sind aber auch sehr viele Märkte, für die in Unternehmungen Investitionen vorgenommen werden, gar keine Konsumgutmärkte, sondern Märkte für industrielle Zwischenprodukte oder Rohstoffe, an denen der Endverbraucher gar nicht unmittelbar nachfragend in Erscheinung tritt und somit durch Werbung auch gar nicht „manipuliert“ werden kann. – So betrachtet, wird also eine investierte Anlage nur dann rentabel, wenn die mit ihrer Hilfe produzierten Güter von öffentlichen oder privaten Nachfragern am Markt gekauft werden, wenn also Nachfragerwünsche befriedigt werden konnten.

---

[12]) Schoeck, Helmut, „Kleines soziologisches Wörterbuch“, Freiburg, Basel, Wien 1969, S. 358.

Ernster zu nehmen wäre schon die Tatsache, daß der Drang nach Rentabilität manchen Unternehmer leicht zu Verhaltensweisen verleiten kann, sich Marktmachtpositionen aufzubauen und die Wettbewerbsfreiheit der Konkurrenten zu beschränken. Das zu verhindern, ist aber ein Problem der Wettbewerbspolitik und *nicht* der Investitionskontrollen. Wird aber durch straffe Wettbewerbspolitik das Entstehen und das Ausnutzen von Marktmacht verhindert – was für die Organe der Wirtschaftspolitik eine ständige Aufgabe bleibt –, dann manifestieren sich in den Rentabilitätsgrößen für Investitionsobjekte *faktische* oder zumindest *erwartete* Käuferpräferenzen, die ihrerseits in den zur Realisierung für Wert befundenen Zielvorstellungen privater und öffentlicher Haushalte sowie wirtschaftspolitischer Instanzen wurzeln. Nun dürfte es keinem Zweifel unterliegen, daß der Wunsch und die Möglichkeit, Ziele der Lebenserhaltung und der Lebensgestaltung zu verwirklichen, etwas mit dem zu tun hat, was im Artikel 2 des Grundgesetzes als das allgemeine Recht auf freie Entfaltung der Persönlichkeit bezeichnet wird, oder was die amerikanische Unabhängigkeitserklärung von 1776 vielleicht noch gehaltvoller die „pursuid of happiness" nennt. Insoweit Menschen dieses ihr Recht wahrnehmen wollen, müssen sie die Möglichkeit besitzen, die zur Erreichung ihrer Ziele notwendigen Güter zu begehren und sie sich zu beschaffen, ohne daß der Wille politischer Instanzen so dominant wird, daß die Freiheit zur Produktion und die Freiheit der Kaufentscheidung praktisch aufgehoben wird. Das Begehren solcher Güter bestimmter Art führt zu Nachfrage und Nachfrageveränderung. Das wiederum drückt sich jedoch in guten oder schlechten und sich ständig verändernden Absatzmöglichkeiten für produzierende und investierende Unternehmungen und damit in positiven oder negativen Rentabilitäten aus. Wird aber durch ein Investitionskontrollamt die Genehmigung für Investitionsprojekte selektiv verweigert, dann werden dadurch letztlich Käuferpräferenzen und die hinter ihnen stehenden Zielverwirklichungsabsichten von Menschen behördlich oder politisch als nicht wünschenswert eingestuft und die Realisierung dieser Ziele verhindert. Der freien Entfaltung der Persönlichkeit würden durch behördliche Willkür Grenzen gesetzt. Das wäre – für mein Verständnis bestehender Verfassungsordnung – ein *Frontalangriff* auf die im Grundgesetz garantierten Freiheitsrechte des Individuums.

4. Dieser Trend, die Wertvorstellungen der Individuen behördlicher Kontrolle zu unterwerfen und damit den bestehenden Grad autonomer individueller Freiheit zu reduzieren, würde zweifellos *dann* noch verstärkt, wenn das Investitionskontrollamt zum Vollzugsorgan eines *verbindlichen gesamtwirtschaftlichen Investitionsplans* würde. Der Investitionsplan, in welchem sowohl das *Volumen* als auch die *sektorale* und *regionale Struktur* der Investitionsobjekte festgelegt werden sollen, enthält ja – so konnten wir erfahren – die einzelnen Vorhaben in einer Rangskala ihrer Wichtigkeit, wie sie von den Planungsgremien festgesetzt wird. Ob also Investitionen für den „gehobenen Individualbedarf" oder für den „privaten Luxus" den Investitionen für den „öffentlichen Zusatzbedarf" vorgezogen oder ihnen nachgestellt werden sollen, wird hier durch eine *politische* Instanz entschieden. Diese bestimmt auch – kraft

ihrer Planungsbefugnis –, was jeweils unter „öffentlichem Zusatzbedarf" oder unter „privatem Luxus" zu verstehen ist. Spätestens nach Entfaltung eines solchen vollzugsverbindlichen Investitionsplans wäre das Recht auf freie Entfaltung der Persönlichkeit – soweit diese etwas mit dem Vorhandensein wirtschaftlicher Güter zu tun hat – durch behördliche Anordnung gravierend beschnitten.

5. Man sollte sich auch nicht vormachen wollen, die Einführung einer direkten selektiven Investitionskontrolle der beschriebenen Art hätte keine weiteren ordnungspolitischen Konsequenzen. Man kann an einer solchen Stelle im Wirtschaftsgefüge nicht in dieser Form regulieren, ohne daß sich notwendig Folgeinterventionen ergeben, die ziemlich konsequent zu einer völligen Transformation der marktwirtschaftlichen Ordnung führen müßten.

Schon die ernsthafte Ankündigung einer solchen Form direkter Investitionskontrolle – darauf macht Schlecht aufmerksam –[18]) müßte zwangläufig zu einer *Kapitalfluchtbewegung* in das Ausland führen, was negative Wirkungen auf Wachstum und Beschäftigung hätte, die hier nicht näher beschrieben zu werden brauchen. Um die Kapitalflucht aufzuhalten, wäre es erforderlich, die projektierte Investitionskontrolle *dadurch* außenwirtschaftlich abzusichern, daß man entsprechend rigoros wirkende Beschränkungen des internationalen Kapitalverkehrs

---

[18]) Schlecht, Otto, „Investitionssteuerung über den Markt oder über Wirtschaftsräte", in: Investitionskontrolle gegen die Konzerne?, a.a.O., S. 18–32; hier S. 27.

verordnet. Daß unter solchen Bedingungen kaum ausländisches Kapital in die BRD fließen würde, sei nur am Rande vermerkt.

Außerdem müßte die behördliche Zuteilung von Investitionsquoten an bestimmte Unternehmungen einer Branche eine staatlich verordnete Zementierung von Marktanteilen und damit eine Beseitigung des Wettbewerbs bewirken. *„Ein Invesitionskartell"*, so meint Schlecht, *„... bleibt auch dann ein Kartell mit all seinen wirtschaftlichen und sozialen Nachteilen, wenn sich die Gewerkschaften daran beteiligen, staatliche Vertreter als Anstandswauwaus an dieser Liaison zur Beschränkung des Wettbewerbs mitwirken, und sich das Ganze schamhaft „Rat" oder „Ausschuß" nennt."*[14])

In den Fällen jedoch, in denen das Investitionskontrollamt Anträge der Unternehmungen auf Rentabilität versprechende Investitionsprojekte als mit seiner Bewertungs-Rangskala nicht vereinbar *ablehnt*, kommt es über kurz oder lang auf den betroffenen Märkten zu Kapazitätsengpässen und Nachfrageüberhang. Marktungleichgewichte dieser Art bewirken dann notwendig so lange Preissteigerungen, bis die Nachfrage an das zu knappe Angebot angepaßt ist. Ganz zweifellos würden dann solche Preisentwicklungen – begünstigt vom verständlichen Unmut der betroffenen Nachfrager – über kurz oder lang dazu führen, daß man die Regierung massiv dazu auffordert, die freie Preisbildung an solchen Märkten vermittels Rechtsverordnung durch staatliche Fest-

---

[14]) Schlecht, Otto, a.a.O., S. 25.

preise zu ersetzen. Damit würde die Allokationsfunktion der Preise partiell beseitigt und in den betroffenen Bereichen der marktwirtschaftliche Koordinationsmechanismus außer Kraft gesetzt. Der natürlich nach wie vor bestehende Nachfrageüberhang ließe sich dann nur durch die Folgeintervention einer behördlichen *Rationierung* beseitigen, der wiederum die Wichtigkeitsvorstellungen einer staatlichen Instanz über die Ziele der verschiedenen Nachfragergruppen zugrunde lägen.

Investitions*gebote* wird es dort geben, wo seitens der Unternehmungen freiwillige Investitions*wünsche* wegen mangelnder Rentabilität nicht vorliegen. Insoweit solche Vorhaben dennoch als im öffentlichen Interesse geboten erscheinen, ließen sie sich grundsätzlich z. B. vermittels von Subventionen bewirken, ohne daß man Investitions*gebote* zu erlassen brauchte. Wenn das Investitionskontrollamt trotz fehlender Rentabilität solche *Gebote* erläßt, um den verbindlichen gesamtwirtschaftlichen Investitionsplan erfüllen zu können, müßte – da es sich ja im Zweifel um *nicht* oder *nur wenig* rentable Projekte handelt – mit einem Angebotsüberschuß an Produkten gerechnet werden, die mit Hilfe der neuen Anlagen erzeugt werden können. Will man ihn verhindern, dann muß man die gerade neu geschaffenen Kapazitäten wieder stillegen – das Problem der Überkapazität wäre dann also nicht durch das Profitinteresse der Kapitalisten bewirkt, sondern es wäre erst eine *Folge* der Investitionskontrolle –, oder aber man müßte bei sehr niedrigen Absatzpreisen, die eine Kapazitätsauslastung ermöglichen, die Verluste der Unternehmungen dennoch durch respektable staatliche Subventionen ausgleichen. Wenn die fraglichen Unternehmungen nicht sowieso bereits zu dem „vergesellschafteten" Bereich der Volkswirtschaft zählen, sondern sich noch in Privateigentum befinden, dann ist mit Sicherheit zu erwarten, daß die permanenten Subventionszahlungen zum Anlaß weiterer „Vergesellschaftung" würden, ungeachtet der Tatsache, daß auch „vergesellschaftete" Unternehmungen die behördlich verordnete Unrentabilität nicht beseitigen könnten, es sei denn, man versuchte zu einer verstärkten Nachfrage und damit zu attraktiveren Preisen dadurch zu kommen, daß man die Bedürfnisse nach diesen Produkten vermittels einer – nun behördlich sanktionierten und gewünschten – Werbekampagne steigert, die dann freilich nicht als Manipulation von Konsumentenentscheidungen bezeichnet, sondern als eine von höheren Einsichten in die wirklichen und „objektiven" gesellschaftlichen Bedürfnisse getragene Bewußtseinsänderung im Interesse des gesamtgesellschaftlichen Fortschritts gepriesen würde. Wo sich aber die *eigenen* Wertvorstellungen der Individuen als *standhafter* erweisen als der behördliche Wille *darüber, was* die Bedürfnisse der „Lohnabhängigen" zu sein haben, dürfte der Versuch nicht lange auf sich warten lassen, nicht nur per Investitionskontrolle die Struktur der *zukünftigen* Bedürfnisbefriedigung einer politisch zustande gekommenen Rangordnung der Wichtigkeit zu unterwerfen, sondern auch Ausmaß und Zusammensetzung der *gegenwärtigen* Güterproduktion durch Produktions*verbote* oder *-gebote,* durch Materialkontingente und Arbeitskräftelenkung so zu steuern, daß der öffentlichen Wertskala Genüge getan wird. Es sollten aber *„spätestens bei der Einsicht, daß kollek-*

tive Investitionsplanung früher oder später zur zentralistischen Reglementierung der Arbeitskräftestruktur, der Arbeitsplätze und der Löhne überzugreifen droht, ... Gewerkschaften und Arbeitnehmer bei diesem neuen Modethema „Investitionskontrolle" hellhörig werden. Denn das Thema könnte sich eben sehr bald erweitern und dirigistische Arbeitskräfteplanung und Einschränkung der Tarifautonomie einschließen", so meint Schlecht[15]); wie ich meine, mit vollem Recht.

6. Nun ließe sich freilich einwenden, daß der skizzierte Vorgang einer sogenannten Demokratisierung lediglich eine Substitution von bisheriger *„unmittelbarer"* Demokratie in der Wirtschaft – ausgeübt mit den „Stimmzetteln" der als Einkommen erworbenen Geldeinheiten – durch eine *indirekt parlamentarische* Form von Wirtschaftsdemokratie darstelle, und zwar deshalb, weil das Investitionskontrollamt ja ausführendes Organ eines dem Parlament beigeordneten Wirtschafts- und Sozialrats sein soll. Ob es sich aber bei dieser Konstruktion eines Netzes von Beziehungen zwischen Investitionskontrollamt, Wirtschafts- und Sozialrat sowie Parlament um eine demokratische Ansprüche *besser* befriedigende Institutionalisierung von Investitionsentscheidungen handelt als die in der Gegenwart bestehende, das läßt sich sehr bezweifeln. Es soll ja zunächst Aufgabe dieser Gremien sein, Bedarfsgruppen und Bedarfsgruppenschemata aufzustellen, die dann Grundlage für Investitions*verbote* und Investitions*gebote* werden. Wie sich das letztlich auf das Recht des einzelnen zu

---

[15]) Schlecht, Otto, a.a.O., S. 26.

freier Entfaltung seiner Persönlichkeit auswirkt, hängt maßgeblich davon ab, ob es den einzelnen gelingen kann, *ihre* Interessen, die sich bisher an den Märkten *unmittelbar* manifestieren konnten, auch in diesen Entscheidungsgremien zu vertreten. Man stößt hier auf die Problematik des Wettbewerbs organisierter Interessen.

Wenngleich aus dem vorgelegten Konzept noch nicht genügend klar wird, wie der geforderte Wirtschafts- und Sozialrat zusammengesetzt sein soll, ob nur aus Parlamentariern der Gebietskörperschaften oder auch aus Vertretern „bestimmter Gruppen", so wird man doch in jedem Fall vor der Tatsache stehen, daß die Positionen der Verbände, die Einfluß auf die Mitglieder des Wirtschafts- und Sozialrats haben, *rechtlich und faktisch* ganz unterschiedlich sind. Das größte Gewicht werden Gewerkschaften und Arbeitgeberverbände haben, die zwar Organisationen des *privaten* Rechts sind, denen aber schon jetzt erhebliche öffentliche Funktionen und Einwirkungsrechte zugestanden werden. Beide Gruppen verfügen über beachtliche Mittel, ihre Auffassungen *publizistisch* darzustellen, und sie haben zahlreiche Querverbindungen zu den politischen Parteien. So gesehen wären die Interessen der Arbeitnehmer und Unternehmer ungleich *besser* repräsentiert als die anderer Gruppen der Gesellschaft[16]). Die *nicht* oder nur *schwächer* organisierten Interessen müßten daher schon *deshalb* auf der Strecke bleiben, weil ihr Ge-

[16]) Vgl. Watrin, Christian, „Zur Rolle organisierter und nicht organisierter Interessen in der Sozialen Marktwirtschaft", in: Soziale Marktwirtschaft im Wandel, hrsg. v. Egon Tuchtfeldt, Freiburg 1973, S. 69–90; hier S. 81 f.

wicht im Wirtschafts- und Sozialrat – soweit sie dort überhaupt vertreten sein werden – im Vergleich zu den stark organisierten Verbänden viel zu gering ist. Aus der Freiheit nämlich, verschiedene Interessen in einer offenen Gesellschaft organisieren zu *dürfen*, ergibt sich noch nicht notwendig, daß sich jedes wünschbare oder legitime Interesse auch tatsächlich organisieren und vertreten *läßt*. Die Art und Weise, in der Menschen *nach* Konstituierung solcher Gremien der Investitionsplanung und Investitionskontrolle ihre individuellen Absichten, Neigungen und Wünsche verwirklichen könnten, würde entscheidend verändert zum *Nachteil jener* Interessen, die sich *nicht* oder *nicht ausreichend* organisieren lassen, um in diesem Wettbewerb der organisierten Interessen bestehen zu könnnen und in den Planungsgremien ernst genommen zu werden. Nimmt man die bei den Protagonisten der Investitionskontrolle beobachtbaren Neigungen hinzu, die *Gewerkschaften* letztlich als *die* Einrichtungen zu verstehen, welche als *einzige* die Interessen der „Lohnabhängigen" vertreten, dann scheint es mir ganz eindeutig zu sein, daß diese Form direkter Investitionskontrolle und Investitionsplanung zu einer Bevormundung der Individuen durch einseitig gewerkschaftlich geprägte Behördenentscheidungen wird. – Die vielgepriesene Mündigkeit wird dann den Bürgern de facto aberkannt.

7. Nach dem mehrfach erwähnten Beschluß der Jungsozialisten soll der verbindliche Investitionsplan in einen sogenannten längerfristigen „volkswirtschaftlichen Rahmenplan" eingebettet werden, der – von gewerkschaftlich bestimmten Selbstverwaltungs-Planungskommissionen aufgestellt – Grundlage für die

öffentliche Wirtschafts- und Sozialpolitik sein soll. Nun kann sich hinter diesem harmlos klingenden Terminus von der „volkswirtschaftlichen Rahmenplanung“ sehr Unterschiedliches verbergen. Insoweit damit der Versuch gemeint sein sollte, die allgemeinen Ziele der Wirtschaftspolitik – etwa die im § 1 des Stabilitäts- und Wachstumsgesetzes niedergelegten Stabilisierungsziele oder aber Zielsetzungen verteilungspolitischer oder infrastrukturpolitischer Art – den wirtschaftspolitischen Instanzen für einen mittelfristigen Zeitraum transparent zu machen und zwischen den verschiedenen Trägern der Wirtschaftspolitik ein koordiniertes Vorgehen mit den *herkömmlichen* Instrumenten herbeizuführen, wäre hierzu ordnungspolitisch *so lange* nichts einzuwenden, als die gebrauchten Instrumente der marktwirtschaftlichen Ordnung konform bleiben. Mit großer Sicherheit ist aber an einen Zielkatalog ohne verpflichtende und festlegende wirtschafts*politische* Rahmenplanung *nicht* gedacht. Das beweist schon die pointierte Ablehnung, welche die sogenannte *indirekte* Investitionslenkung mit den Mitteln der Geld- und Fiskalpolitik in dem zitierten Beschlußpapier erfährt. Der *verbindliche* Investitionsplan, der ja integrierter Bestandteil des Rahmenplans sein soll, legt eher den Verdacht nahe, dieser „volkswirtschaftliche Rahmenplan“ werde nicht nur als vollzugsverbindlich für die Organe der Wirtschaftspolitik gedacht, sondern *auch* als verbindlich für die Unternehmungen. Das wäre dann freilich die konsequente Transformation der marktwirtschaftlichen Ordnung in eine Ordnung mit administrativ zentraler Planung des Wirtschafts*prozesses*. Infolge der Interdependenz zwischen Wirtschaftsordnung und politischer Ordnung eines Landes wäre das zugleich das Ende der politischen Demokratie, jedenfalls *dann,* wenn man es als ein unverzichtbares Merkmal von Demokratien erachtet, daß die Bürger das Recht auf freie Entfaltung der Persönlichkeit faktisch ausüben können. Vollzugsverbindliche zentrale Planung nicht nur der *Investitionen,* sondern auch der *Produktion* ersetzt die freie Selbstverwirklichung des Einzelmenschen durch eine politisch-behördlich verordnete Art des Lebensvollzugs, weil die Individuen als einzelne jeden Einflusses auf die Art und den Umfang der Gütererzeugung und -verwendung beraubt werden. Es entsteht somit als Konsequenz der geforderten Form von Investitionskontrolle im Zusammenhang mit „volkswirtschaftlichen Rahmenplänen" die Vision einer Wirtschafts- und Gesellschaftsordnung, wie sie uns aus kommunistisch regierten Staaten wie der UdSSR, der DDR und anderer Länder bekannt ist.

8. Wer nun glaubt, hier geschehe den Verfassern jenes zitierten Beschlusses über die „Demokratisierung" der Wirtschaft, welcher ja der Investitionskontrolle dienlich sein soll, durch *Überinterpretation* ihrer Absichten *Unrecht,* denn es gehe ihnen ja vielmehr darum, die politische Demokratie der Bundesrepublik von ihrer ökonomischen Grundlage her dadurch „funktionsfähiger" zu machen, daß man sie durch eine marktsozialistische Wirtschaftsordnung etwa des jugoslawischen Typus flankiert, dem sei in Erinnerung gerufen, daß in Jugoslawien während der zweiten Reformphase zwischen 1961 und 1965 *auch* der zentrale Investitionsplan fallengelassen wurde. Für die Unternehmung vollzugsverbindliche Investitions- oder Produktionspläne des Staates gibt es

in der sozialistischen Marktwirtschaft Jugoslawiens *nicht.* Daß der erwähnte „volkswirtschaftliche Rahmenplan“ vielmehr dazu ausersehen ist, letztlich doch mit Mitteln des Zwangs verwirklicht zu werden, das scheint mir aus den Schlußsätzen des wiederholt zitierten Beschlußpapiers ziemlich eindeutig ableitbar zu sein. Es heißt dort[17]):

„Die Erstellung der volkswirtschaftlichen Rahmenplanung ist die Aufgabe von gewerkschaftlich bestimmten Selbstverwaltungs-Planungs-Kommissionen. Diese arbeiten auf der Grundlage einer volkswirtschaftlichen Gesamtordnung, die Stand und Entwicklung der Waren-, Güter- und Investitionsströme deutlich macht. Eine derartige demokratische Planung stellt die Durchbrechung des kapitalistischen Verwertungsprinzips dar. Damit ist die Frage nach den politischen Voraussetzungen der Planung gestellt. Planung als Negation des Kapitalismus ist nur gegen den erbitterten Widerstand des Kapitals durchsetzbar. Sie hat damit die Erringung der politischen Macht der Arbeiterklasse zur Voraussetzung.“

Die Macht *einer* Klasse, *einer* Schicht, *einer* Gruppe oder *einer* Partei in der Gesellschaft heißt aber nichts anderes als *politische Diktatur.* In Verbindung mit wirtschaftlicher Planungsbefugnis muß sie zweifelsfrei zu einer *Omnipotenz* der Macht in der Hand einer politischen Führungsgruppe werden. Die propagierte Form der Investitionskontrolle würde meines Erachtens mit Sicherheit einen Prozeß der Transformation unserer Wirtschafts- und Gesellschaftsordnung in Gang setzen, an dessen Ende Zentralverwaltungswirtschaft und politische Diktatur stünden.

[17]) Jungsozialisten-Informationsdienst, a.a.O., S. 20.

Investitionslenkung aus der Sicht der Gewerkschaften

von Rudolf Henschel,
Leiter der Abteilung Wirtschaftspolitik
beim DGB-Bundesvorstand, Düsseldorf

Mein Thema lautet: Investitionslenkung aus der Sicht der Gewerkschaften. Um mich nicht dem Vorwurf der Einseitigkeit auszusetzen, habe ich den Versuch unternommen, alle Aufgaben zusammenfassend zu behandeln, die aus der Sicht der Gewerkschaften mit Hilfe der Investitionslenkung gelöst werden sollen. Der Rahmen meines Referats ist damit zwangsläufig weitergezogen, als dies bei anderen Themen notwendig war. Auf die Frage, warum ich gerade unter dieser Überschrift viele verschiedene wirtschaftspolitische Aufgaben zusammenfasse, die anderswo unter anderen Überschriften abgehandelt werden, kann ich nur antworten, daß eben diese verschiedenen Aufgaben in der gewerkschaftspolitischen Diskussion mit der Investitionslenkung in Zusammenhang gebracht werden. Wollen wir dieses Thema sachlich behandeln, so müssen wir uns davon freimachen, daß Investitionslenkung ein Reizwort geworden ist, das von den einen stürmisch begrüßt, von anderen strikt abgelehnt wird, ohne daß man prüft, was unter dem Begriff Investitionslenkung tatsächlich verstanden wird.

Wir verstehen unter Investitionslenkung die Beeinflussung der Investitionstätigkeit der Unternehmen durch den Staat, durch die Länder oder durch die Gemeinden.

☐ Das gilt für die Frage, wann investiert werden soll, ob also Investitionen zeitlich vorgezogen oder gestreckt werden sollen.

☐ Das gilt für die Frage, wo investiert werden soll, wo also örtlich mehr oder weniger investiert werden sollte.

☐ Das gilt in bezug auf die Frage, wie mit diesen Investitionen produziert werden soll, welche Produktionsbedingungen in bezug auf Arbeitssicherheit oder Umweltschutz zu beachten sind.

☐ Das gilt aber auch für die Frage, welche Eigenschaften die mit diesen Investitionen produzierten Waren haben sollen. Dies betrifft die Beimischung oder Fernhaltung von Schadstoffen, technische Sicherheitsbestimmungen und Qualitätsnormen im Rahmen des Verbraucherschutzes.

Investitionslenkung in dieser hier charakterisierten Weise ist nichts Neues. Derartige Investitionslenkungen gibt es, seit es eine moderne Industriegesellschaft gibt, und sie wird in allen hochentwickelten Wirtschaftssystemen in vielfältigster Form praktiziert.

Jede Konjunktursteuerung beeinflußt die Investitionen der Wirtschaft durch Änderung des öffentlichen Auftragsvolumens, durch Änderung des Kreditvolumens und der Zinshöhe oder durch Änderung der Steuerbelastung und durch sonstige Beeinflussung der verfügbaren Einkommen. Wir sichern oder flankieren diese Steuerungsmaßnahmen durch Änderungen oder Freigabe der Wechselkurse. Wir korrigieren diese Eingriffe durch Grenzausgleichszahlungen, durch Sonderkredite, Zinssubventionen oder staatliche Bürgschaften. Wir veranlassen Sonderausgaben des Staates und öffentlicher Unternehmungen, und wir sichern und stützen die ausländische Nachfrage.

Jede Strukturpolitik beinhaltet eine planmäßige Beeinflussung der Investitionen mit Hilfe steuerlicher Begünstigungen oder gezielter Sonderabschreibungen, mit Hilfe staatlicher Subventionen oder Sonderabgaben und -auflagen oder mit Hilfe öffentlicher Vorleistungen im Bereich der Infrastrukturpolitik. Zu diesem Sektor gehören ferner öffentliche Planungsvorgaben und gezielte Investitions- und Produktionsauflagen.

Jede Arbeits-, Umwelt- oder Konsumentenschutzpolitik setzt direkte, verbindliche Normen für die Investitionstätigkeit der Unternehmen fest. Dies betrifft die Wahl der Standorte in bezug auf die räumliche Einordnung der Investitionen; dies betrifft Fragen der Warenqualität und der technischen Sicherheitsbestimmungen, aber auch Fragen des Arbeitsschutzes und der Arbeitsbedingungen oder Fragen des Umweltschutzes und der Raumplanung.

Die Variationsmöglichkeiten derartiger Einflußnahmen sind praktisch unbegrenzt. Dies gilt sowohl für die indirekten Anreize über die Beeinflussung der

Nachfrage und der Geldversorgung wie auch für direkte verbindliche arbeits- und gewerberechtliche Vorschriften oder regionale Planungsvorgaben.

Derartige Investitionslenkungsmaßnahmen sind eine notwendige Bedingung unserer industriellen Gesellschaft. Ohne eine derartige Investitionslenkung wäre das Leben in der modernen Industriegesellschaft unerträglich und wahrscheinlich auch unmöglich. Mir ist jedenfalls bis heute kein funktionierendes Gegenbeispiel bekannt geworden. Es ist somit die Aufgabe der Investitionslenkung, Fehlentwicklungen zu verhindern, die bei ungesteuerten oder ungenügend gesteuerten Marktprozessen zwangsläufig auftreten; gleichgültig, welche Bereiche von diesen Fehlentwicklungen betroffen werden.

☐ Arbeitslosigkeit kann z. B. im Gefolge konjunktureller Nachfrageschwankungen, aber auch infolge struktureller Nachfrageänderungen auftreten.

☐ Preiserhöhungen können die Folge von Nachfrageschwankungen, aber auch von Marktstrukturänderungen sein. Gerade das Vordringen oligopoler Marktstrukturen kann zu partiellen Ertragsüberhöhungen und Verteilungskämpfen führen, die sowohl soziale wie auch politische Spannungen erklären.

☐ Eine Minderung der Lebensqualität kann durch wirtschaftliche Katastrophen, aber auch durch eine Zunahme psychischer und physischer Belastungen eintreten. Diese ergeben sich aus der Verlängerung der Wege von und zur Arbeit, durch die Zerstörung gewachsener Wohn- und Lebensgemeinschaften oder durch die Zersiedelung unserer Landschaft und durch Beschränkung ihres Freizeit- und Erholungswertes.

Ein Übermaß an Fehlentwicklungen kann aber den Wert dieser gesellschaftlichen Ordnung in Frage stellen. Dabei ist die Feststellung, daß wirtschaftliche Fehlentwicklungen in unserem Ordnungssystem zugenommen haben, für mich unbestritten. Das Zusammenfallen von Arbeitslosigkeit und Inflation bei gleichzeitig tendenziellem Anstieg der Arbeitslosenquote und der Preissteigerungsrate ist für jeden offensichtlich. Die Zunahme der sozialen Unzufriedenheit infolge verschärfter Verteilungskämpfe im Gefolge überproportional gestiegener Erträge in einzelnen Unternehmungen und Gewerbezweigen ist ebenfalls auffallend. Der Anstieg der Arbeitsbelastung und des Leistungsdrucks bei einem immer weniger befriedigenden Freizeiterleben ist eine weitere Erklärung für zunehmende Unzufriedenheit bei steigendem Güterkonsum. Meldungen über überhöhte Schadstoff- und Giftkonzentrationen in Lebensmitteln und sogar in der Muttermilch sowie seuchenartig auftretende Krankheiten durch Umweltgifte können von niemandem mehr geleugnet werden.

Diese Zunahme ökonomischer und gesellschaftlicher Fehlentwicklungen in den letzten Jahren läßt mehrere Erklärungen zu:

☐ Die Zunahme kann darauf zurückgeführt werden, daß mit verstärkter Industrialisierung und

Massierung der Bevölkerung die Selbststeuerungsfähigkeit unseres Wirtschaftssystems abnimmt.

- ☐ Die Zunahme kann auch damit erklärt werden, daß infolge der Eigentumsstruktur unseres Ordnungssystems mit zunehmender Konzentration und Unternehmensverflechtung die staatliche Steuerungsfähigkeit abnimmt.

- ☐ Die Zunahme kann aber auch damit erklärt werden, daß die staatlichen Steuerungsmaßnahmen nicht ihren Bedürfnissen entsprechend weiterentwickelt wurden. (Welche Gründe für diesen Entwicklungsstopp vorgetragen werden, können wir am besten dann diskutieren, wenn die Gründe für eine Ablehnung einer verbesserten Investitionslenkung genannt worden sind.)

Diese Zunahme wirtschaftlicher Fehlentwicklungen läßt im Prinzip drei unterschiedliche Reaktionen zu:

1. Manche leugnen einfach die Tatsache, daß die angesprochenen Entwicklungen Fehlentwicklungen darstellen oder daß diese im zeitlichen Verlauf zunehmen. Damit kann man das Problem verniedlichen. Aber in dem Maße, wie man damit konstruktive Reformen verhindert, verschärft man zugleich durch Nichtlösung die Konfliktursachen bis zum späteren politischen Kollaps.

2. Manche halten ein System, das derartige Fehlentwicklungen zuläßt, grundsätzlich für reformunfähig. Bei dieser Annahme bleibt nur eine kon-

sequente Änderung unseres Ordnungssystems übrig. Bestimmte Lenkungsverfahren, die auch als Investitionslenkung zu bezeichnen sind, können diesen Änderungsprozeß einleiten und begleiten. Damit wird die Investionslenkung zu einem Instrument der Systemänderung.

3. Man kann aber auch der Auffassung sein, daß unser derzeitiges Gesellschaftssystem trotz seiner Fehlentwicklungen in vielen Punkten erhaltenswert ist. Dies gilt zweifellos besonders für die individuellen Freiheitsräume einer am Wettbewerb orientierten dezentralisierten Wirtschaftsordnung. Bei dieser Einstellung kommt es darauf an, die Fehlentwicklungen zu verhindern, die unser Ordnungssystem gefährden, ohne Maßnahmen anzuwenden, die die Vorzüge dieses Systems beseitigen. Hier dient die Investitionslenkung der Stabilisierung eines grundsätzlich als reformfähig angesehenen Ordnungssystems.

Aus gewerkschaftlicher Sicht ist die Beurteilung der drei verschiedenen Reaktionsmöglichkeiten recht einfach. Das konservative Nein zu jeder Verbesserung der investiven Entwicklungssteuerung kann bei den Gewerkschaften keine Zustimmung finden, da die zunehmenden Fehlentwicklungen die Arbeitnehmer überproportional belasten. Die revolutionäre Umformung unserer Gesellschaft, die mit bestimmten Formen der Investitionslenkung auch die privaten Freiheitsräume der Arbeitnehmer einschränkt, wird ebenso entschieden abgelehnt. Die Tarifautonomie ist mit diesen Freiheiten unmittelbar verbunden und für die deutsche Gewerkschaftsbewegung eine unabdingbare Voraussetzung für einen freiheitlichen und sozialen Rechtsstaat.

Die Gewerkschaften können daher nur den dritten Weg gehen, und sie sind diesen Weg von Anfang an konsequent gegangen. Schon im Grundsatzprogramm von 1963 heißt es:

„Jede Volkswirtschaft bedarf im Rahmen einer grundsätzlich am Wettbewerb orientierten Ordnung der Planung . . .“

Nur die grundsätzlich am Wettbewerb, d. h. am Marktprozeß orientierte Planung kann auch die Grundlage für die Investitionslenkung abgeben. Dazu heißt es:

„Die in konjunktureller und struktureller Hinsicht notwendige Steuerung der privaten Investitionstätigkeit erfordert zusätzlich zu der global wirkenden Kreditpolitik einzelwirtschaftliche... gerichtete Maßnahmen.“

Diese einzelwirtschaftlichen Maßnahmen werden im Grundsatzprogramm des DGB eindeutig beschrieben z. B. als:

„gezielte steuerliche und kreditpolitische Mittel oder Änderung der Abschreibungsbedingungen“.

Dazu heißt es weiter:

„Auf diese Weise ist auch eine Beeinflussung der privatwirtschaftlichen Investitionstätigkeit . . . zu errei-

chen, ohne die letzte Entscheidung über Art und Umfang der Investitionen aus dem Bereich des einzelnen Unternehmens herauszunehmen."

Dieser Grundsatz, die letzten Entscheidungen dem einzelnen Unternehmen zu überlassen, gilt selbstverständlich auch für den Verbraucher. Die Steuerung der Produktion und der Investition über den Verbrauch kann daher ebenfalls nur bedeuten, daß der Verbraucher besser als bisher in den Stand gesetzt wird:

„Qualität und Preiswürdigkeit der einzelnen Erzeugnisse nach objektiven Kriterien zu beurteilen."

Nach diesen Grundsätzen stellt Investitionslenkung nicht ein bestimmtes Lenkungsverfahren oder Lenkungssystem dar. Investitionslenkung ist vielmehr ein Sammelbegriff für eine Vielzahl von Lenkungsverfahren, die der Verhinderung verschiedener Fehlentwicklungen dienen, ohne die Freiheitsräume unserer Gesellschaft einzuschränken. Dieses Konzept verbietet jede ideologische Bewertung einzelner Lenkungsmaßnahmen. Einzelne Maßnahmen sind weder marktkonform noch nichtkonform. Wie auch bei der Giftigkeit einzelner Arzneimittel kommt es hier allein auf Zeitpunkt, Dosierung und Kombination an. Die Unterscheidung in indirekte und direkte Lenkungsmaßnahmen ist daher höchstens methodologisch von Bedeutung. Für die politische Praxis ist diese Unterscheidung sinnlos.

Wie eine Vielzahl verschiedener Krankheiten verschiedene Arzneimittel erfordert, so erfordert auch die Vielzahl unterschiedlicher Fehlentwicklungsmöglichkeiten eine Vielzahl unterschiedlicher Steuerungsverfahren, unterschiedliche Dosierung der einzelnen Maßnahmen und unterschiedliche Kombinationen zwischen den verschiedenen Maßnahmen. Indirekte Anreize wie auch direkte Investitionsentscheidungen für staatliche oder staatlich kontrollierte Unternehmen wurden und werden in allen Staaten zu allen Zeiten getroffen. Aus diesem Grund ist die Bewertung von Investitionslenkungsmaßnahmen nur sinnvoll in bezug auf die jeweils konkrete Fehlentwicklung, die mit diesen Maßnahmen verhindert werden soll. Das heißt, daß wir die konkrete Ursache des einzelnen Falls und die konkreten, für diesen Fall geeigneten Lenkungsmaßnahmen analysieren und ermitteln müssen.

Man kann es nicht oft genug wiederholen, da es immer wieder anders ausgedeutet wird: Das zentrale Thema der Investitionslenkung stellt für die Gewerkschaften nicht die ideologische Bewertung bestimmter Instrumente, sondern die Lösung bestimmter, konkreter Aufgaben dar. Die Diskussion um die Investitionslenkung muß sich aus dieser Sicht darauf beschränken, welches Lenkungsverfahren im konkreten Fall die bestmögliche Lösung bei geringstmöglichem Zielkonflikt und geringstmöglichem Aufwand bietet.

Aus diesem Grund werden die Gewerkschaften andere Lösungsvorschläge stets begrüßen, wenn sie erkennen lassen, wie mit geringerem Aufwand und weniger Zielkonflikten gleiche oder bessere Lösungen erreicht werden können. Nur die Zielsetzung selbst, die Verhinderung einer bestimmten Fehlentwicklung, darf und kann nicht in Frage gestellt werden. Wichtig ist nicht der Einsatz bestimmter Instrumente, sondern die Erreichung bestimmter Ziele. Wenn diese Ziele u. U. mit geringeren Interventionen besser erreicht werden, so ist dies selbstverständlich vorzuziehen.

Aus diesem Grund muß jeder einzelne Fehlentwicklungsfall einzeln behandelt werden. Nur am konkreten Fall ist zu ermessen, was in diesem Fall besser gemacht werden kann. Dieses Verfahren droht allerdings den Rahmen meines Referats zu sprengen. Jede einzelne Fehlentwicklung und die zu ihrer Verhinderung vorzuschlagenden Lenkungsverfahren können bereits mehrere selbständige Referate abgeben. Um jedoch den Rahmen der gesamten Investitionslenkungsproblematik aus der Sicht der Gewerkschaften aufzeigen zu können, muß ich dennoch – wenn auch verkürzt – die wichtigsten Fehlentwicklungen nennen und die Maßnahmen und Maßnahmenbündel skizzieren, mit denen diese Fehlentwicklungen nach unserem derzeitigen Erkenntnisstand am besten verhindert werden können.

Ein Ziel z. B. ist die Verhinderung konjunktureller Arbeitslosigkeit, sowohl als Folge einer ungesteuerten Konjunkturabschwächung als auch als Folge einer Übersteuerungskrise. Das erstere ist eindeutig die Folge fehlender Steuerung, das letztere ist dagegen die Folge fehlerhafter Steuerung. Daß man konjunkturelle Nachfrageschwankungen aussteuern kann, wurde zur Genüge bewiesen. Um so brennender ist dagegen heute die Vermeidung von Übersteuerungskrisen, wie wir sie gegenwärtig bei uns wie auch in anderen Ländern erleben. Diese Übersteuerungskrisen können nach unserer Überzeugung vor allem auf zwei Ursachen zurückgeführt werden:

- ☐ Die erste Ursache steht mit der Tatsache in Verbindung, daß Preissteigerungen in unserer konzentrierten Industriegesellschaft nicht nur auf Nachfrageüberhöhungen, sondern auch auf autonome Störungen im Preisbildungsprozeß zurückgeführt werden können. Der Versuch, derartige „struktur"bedingte Preissteigerungen durch globalen Nachfrageentzug zu bekämpfen, schränkt das Angebot und damit die Produktion stärker ein als die Preise. Die Wirkung auf die Beschäftigung ist in diesem Fall größer als die Wirkung auf die Stabilität; Arbeitslosigkeit ist die Folge.

- ☐ Die zweite Ursache hängt damit zusammen, daß globale Dämpfungsmaßnahmen auf verschiedene Produktionszweige und Unternehmungen ungleich stark wirken. Zinserhöhungen wirken beispielsweise auf Bauinvestitionen stärker als auf andere Sachinvestitionen. Die nationale Kreditverknappung wirkt auf Klein- und Mittelunternehmen stärker als auf international verflochtene Großunternehmen. Wechselkurserhöhungen wirken auf exportorientierte Unternehmen stärker als auf Unternehmen, die am Inlandsabsatz orientiert sind. Schließlich wirken allgemeine Dämpfungsmaßnahmen in schwach entwickelten Regionen stärker als in industriellen Ballungszonen.

Die Problemlösung sehen wir daher in einer abgestimmten Mischung verschiedener globaler Steuerungsmaßnahmen und in der konkreten Zuordnung selektiv ausgleichender Maßnahmen. Das Stichwort lautet: Sektoralisierung und Regionalisierung der Konjunktursteuerung.

Das kann bedeuten, daß zinsbegünstigte Finanzierungsmöglichkeiten für den Wohnungsbau geschaffen werden, wenn dieser durch globale Kreditverteuerung in einem ungewollten Ausmaß überproportional betroffen wird. Das kann aber auch bedeuten, daß Krediterleichterungen für Klein- und Mittelbetriebe gegeben werden, wenn diese unter einer verschärften Kreditrestriktion, die auch den Finanzierungsspielraum der Großunternehmen einengen soll, überproportional leiden. Das könnte ferner bedeuten, daß Grenzausgleichszahlungen direkt oder in Form von Änderungen des Einfuhr- und Ausfuhrumsatzsteuerausgleichs gewährt werden, um kurzfristig unerwünschte Folgen allgemeiner Wechselkursänderungen für bestimmte Sektoren auszugleichen. Schließlich kann es auch bedeuten, daß ungleiche Auswirkungen globaler Maßnahmen auf bestimmte Regionen durch spezifische regionale Förderungen kompensiert werden.

Alle diese Beispiele zeigen, daß jede einzelne Maßnahme nur im Zusammenhang mit dem konkreten Fall behandelt werden kann. Generell zu fordern ist lediglich mehr Elastizität in der Anwendung der Mittel und die Abkehr von dem Grundsatz, daß Globalsteuerung jeden gezielten Einsatz einzelner Maßnahmen ausschließt.

Ein anderes aktuelles Ziel ist die Verhinderung von Arbeitslosigkeit im Gefolge von Strukturwandlungen. Dieses Problem erscheint als Anpassungskrise mit sichtbar werdenden Überkapazitäten. Eine Problemlösung ist offentlichtlich in mehreren Richtungen zu suchen.

Eine Möglichkeit liegt in der Erstellung langfristiger Entwicklungsprognosen für einzelne Produktionsbereiche. Dies erfordert sowohl binnen- wie außenwirtschaftliche Marktanalysen wie auch die Ermittlung inländischer und ausländischer Investitionsabsichten. Notwendig ist ferner eine Beurteilung der inländischen Standort- und Wettbewerbsverhältnisse im Vergleich zu denen ausländischer Unternehmen. Derartige Prognosen können ohne weiteres zusätzliche Orientierungshilfe für die Einzelentscheidungen in den Unternehmungen abgeben.

Ein weiterer Lösungsansatz liegt in der Berücksichtigung derartiger Entwicklungsprognosen bei bestimmten sektoralen Förderungsprogrammen. Berücksichtigung darf hier nicht Konservierung überholter Strukturen heißen, wohl aber kann es sinnvoll sein, notwendig werdende Umstellungsprozesse durch eine rechtzeitige Anpassung zu kanalisieren. Hier dient die Entwicklungsprognose als Orientierungshilfe für öffentliche Förderungsmaßnahmen.

Ein dritter Lösungsansatz liegt in der Berücksichtigung derartiger Entwicklungsprognosen bei der regionalen Entwicklungsplanung. Das bedeutet, daß entwicklungsgefährdete Produktionsbereiche nicht isoliert in unterentwickelten Gebieten gefördert werden. Wo bereits entwicklungsgefährdete Unternehmen ansässig sind, wäre es Aufgabe der regionalen Strukturpolitik, durch Förderung entwicklungsgesicherterer Produktionsbetriebe für größere Beschäftigungssicherheit zu sorgen. (Dieses Problem leitet damit zum nächsten Zielbündel der regionalen Strukturpolitik über.)

Ein nächstes, drittes Zielbündel betrifft die Beseitigung bestehender regionaler Strukturunterschiede in bezug auf Differenzen im sozialen und kulturellen Niveau wie auch in bezug auf ungleiche Gefährdung der Arbeitsplätze und ungleiche Berufschancen. Die Lösung dieses Problems kann allein in einer Verbesserung der regionalen Entwicklungsplanung gesucht werden. Dazu gehören sowohl eine sinnvolle Zuordnung industrieller Schwerpunktgebiete zu landwirtschaftlichen und Erholungsgebieten als auch eine sinnvolle Durchmischung der Gewerbestrukturen selbst und die Auflockerung entwicklungsbedrohter Monokulturen.

Zu diesem Zielbündel werden andere Referenten konkreter Stellung nehmen. Hier muß der Hinweis genügen, daß das vorhandene Sortiment der diesem Zweck dienlichen selektiven Anreiz- und Abschreckungsverfahren vollständig vorliegt. Die hier zu lösende Aufgabe besteht vor allem in der Erstellung umfassender regionaler Entwicklungspläne, die sowohl mit der Planung anderer Regionen als auch mit sektoralen Planzielen koordiniert sind. Das Problem liegt hier vor allem in der konkreten Zielbestimmung und -abstimmung, die von der gegenwärtigen Verwaltungsorganisation offensichtlich nicht ausreichend geleistet werden kann.

Ein viertes Zielbündel betrifft die Verminderung sozialer Spannungen, die auf überdurchschnittlichen Ertragszuwächsen in stark konzentrierten Bereichen der Wirtschaft beruhen. Dieses Problem der ungleichen Einkommensentwicklung wurde in der Vergangenheit von zwei verschiedenen Seiten angegangen: Einerseits entwickelte man soziale Ausgleichsmaßnahmen für weniger begünstigte Wirtschaftsbereiche und für benachteiligte Bevölkerungsgruppen in Form verschiedenster Sozialhilfen. Andererseits versuchte man, die überproportionalen Ertragszuwächse abzuschöpfen und durch staatliche Umverteilung zu neutralisieren. Hier setzen auch die verschiedensten Vorschläge zur Vermögensumverteilung an.

Beide Lösungsansätze reichen offensichtlich nicht aus oder konnten zumindest nicht ausreichend entwickelt werden, um soziale Fehlentwicklungen zu verhindern. Überproportionale Ertragssteigerungen einzelner Unternehmen sind nicht nur ein sozialer Schönheitsfehler, sondern sie stellen auch einkommenspolitische Orientierungsdaten für alle anderen Einkommensbezieher dar. Das Bestreben aller, in der Einkommensentwicklung proportional gleichzuziehen, führt damit zu Verteilungskämpfen, die über Kosten- und Nachfrageerhöhungen einen Großteil der gegenwärtigen Inflation erklären können.

Der Versuch, derartige Inflationstendenzen durch globale Nachfragebeschränkungen zu bekämpfen, führt zwangsläufig zu einer Übersteuerung der traditionellen Stabilitätspolitik und damit zu Arbeitslosigkeit, ohne das Verteilungsproblem selbst zu lösen. Die Sektoralisierung der Konjunktursteuerung kann hier ebenfalls nur gröbste Fehlentwicklungen vermeiden helfen.

Überproportionale Ertragssteigerungen führen außerdem zu Kapitalanlagen, die mit der Kapitalüberfremdung anderer Sektoren zugleich den Konzentrationsprozeß fördern. Derartige Ertragsüberhöhungen können ebenfalls zeitweilig zu Überinvestitionen führen und damit die Konjunkturschwankungen verschärfen. Die Tendenz zu Überinvestitionen begünstigt ferner die Entwicklung chronischer Exportüberschüsse, die letztlich nur durch Kapitalexporte in der Zahlungsbilanz kompensiert werden können. Damit werden Entwicklungen eingeleitet, die wohl den ertragsbegünstigten Kapitaleignern nützlich erscheinen, die aber für die übrige Bevölkerung keinerlei Nutzen haben, sondern im Gegenteil auf längere Sicht die einheimischen Arbeitsplätze gefährden können. (Auch diese Hinweise können lediglich die Vielfalt der Fehlentwicklungsmöglichkeiten in diesem Bereich andeuten.)

Die Problemlösung sehen wir sowohl im weiteren Ausbau der sozialen Ausgleichs- und Umverteilungsmaßnahmen als auch in der Verhinderung marktmachtbedingter Ertragsüberhöhungen. Zum Ausbau sozialer Ausgleichsmaßnahmen gehört vor allem das Thema Vermögensumverteilung. Die Verhinderung oder die Minderung marktmachtbedingter Ertragsüberhöhungen erfordert dagegen ordnungspolitische Reformen im Wettbewerbsbereich. Dazu gehört die Verschärfung des Preiswettbewerbs sowie die Verschärfung der Fusionskontrolle. Die klassische Wettbewerbspolitik muß aber zugleich durch gezielte

Maßnahmen zur Stärkung der Nachfragemacht der privaten und öffentlichen Nachfrage ergänzt werden. Ohne die gezielte Stärkung der Marktposition der anderen Marktpartner sind die Probleme der oligopolen Märkte und multinationalen Unternehmen nicht mehr zu lösen. (Auch dieser Hinweis zum Thema preisorientierte Vergabe- und Verbraucherpolitik kann hier nicht weiter behandelt werden. Seine Erläuterung erfordert mindestens ein eigenes Referat.)

Zum Thema Investitionslenkung gehören diese Problemlösungsvorschläge vor allem wegen der investitionslenkenden Funktion des Preiswettbewerbs, der gerade auch durch die preisorientierte Vergabe- und Verbraucherpolitik gestärkt werden soll. Unter das Thema Investitionslenkung fällt dieser Punkt aber auch deshalb, weil die bisher ungelösten Probleme marktmachtbedingter Ertrags- und Investitionsübersteigerungen den entscheidenden Anstoß für weitergehende Investitionslenkungskonzepte abgeben. Wenn wir dieses Problem nicht im Rahmen unseres Ordungssystems lösen, werden andere Lösungsansätze unvermeidlich.

Ein fünfter Zielbereich betrifft die Verbesserung der Lebensqualität. Wir sehen die Lebensqualität auch bei steigendem Güterkonsum durch ungünstige Regionalstrukturen, ungünstige Wohnverhältnisse, überlange Wege von und zur Arbeitsstätte und durch Zerstörung des Freizeit- und Erholungswertes der Landschaft bedroht. Lärmbelästigung, Luft- und Wasserverschmutzung, inhumane Arbeits- und Arbeitsplatzverhältnisse sowie Qualitätsmängel der am

Markt angebotenen Güter infolge ungenügender technischer Sicherheit und vorzeitigem Verschleiß sind weitere Faktoren, die den Wert des statistisch steigenden Güterverbrauchs einschränken. Auch diese hier aufgezählten Einzelprobleme erfordern unterschiedliche Lösungen, die hier nur durch Stichworte gekennzeichnet werden können:

- ☐ Verbesserung der regionalen Entwicklungsplanung,
- ☐ Verbesserung und Erweiterung des Umweltschutzes,
- ☐ Humanisierung der Arbeit,
- ☐ Qualitätskontrolle, Qualitätsvergleiche,
- ☐ Intensivierung der Verbraucheraufklärung und -beratung.

Ein Teil dieser Probleme fällt in den Bereich der Strukturpolitik. Ein anderer Teil ist in Verbindung mit einer preis- und qualitätsorientierten Verbraucherpolitik zu behandeln. Das Thema „Humanisierung der Arbeit" gehört zu den klassischen Aufgaben der Tarifparteien. Nicht anderswo einzuordnen ist jedoch vor allem das Thema Umweltschutz.

Auch für diesen Aufgabenbereich fehlt es nicht an Steuerungsinstrumenten in Form indirekter Anreize oder Abgaben oder direkter gewerberechtlicher Vorschriften und Planungsvorgaben. Ungenügend entwickelt ist aber bis heute die Zielfindung und Abstimmung. Sie ist hier von besonderer Bedeutung, da Zielkonflikte zwischen Konsumenten- und Produzenteninteressen gerade auf diesem Sektor unvermeidlich erscheinen.

Ich habe mit diesen fünf verschiedenen Zielbereichen aufzeigen wollen, wie vielfältig die Aufgaben sind, die mit dem Thema Investitionslenkung verbunden sind, wenn man Investitionslenkung nicht als eine bestimmte Methode der Wirtschaftssteuerung, sondern als eine Aufgabe der Wirtschaftspolitik begreift. Was wir unter Investitionslenkung fordern, ist daher nichts grundsätzlich Neues, sondern stellt nur eine Verbesserung, Intensivierung und Koordinierung bereits angewandter Steuerungstechniken dar. Diese Verbesserung, Intensivierung und Koordinierung erfordert allerdings:

1. eine bessere statistische Erfassung der investiven Vorgänge,
2. eine bessere wissenschaftliche Analyse der Wirkungsweise der einzelnen Steuerungsinstrumente,
3. eine bessere wissenschaftliche Absicherung der Entwicklungsprognosen,
4. eine umfassendere Planung der öffentlichen Maßnahmen, die die Investitionstätigkeit beeinflussen,
5. eine bessere Koordinierung der wirtschaftspolitischen Eingriffe.

Diese Aufgaben sind sicherlich nicht ganz einfach, denn sonst wären sie sicherlich bei uns oder in anderen Ländern besser gelöst. Diese Aufgaben sind sicherlich aber auch nicht schwieriger zu lösen, als Menschen auf den Mond zu schießen und wieder herunterzuholen, wenn man sich auf die Lösung dieser Aufgaben ernsthaft konzentriert. Wenn wir die Lösung allerdings verzögern, weil einige liebgewordene Vorrechte und Privilegien einzelner davon vielleicht betroffen werden, so werden wir insgesamt nicht weniger Investitionslenkung, wohl aber eine schlechtere bekommen. Die Frage lautet nicht, ob wir Investitionen lenken oder nicht lenken wollen, sondern wie wir die Vielzahl investitionslenkender Interventionen öffentlicher Instanzen so koordinieren, ausbauen und zielgerecht einsetzen, daß die künftigen wirtschaftlichen und gesellschaftlichen Entwicklungen für die Mehrheit unseres Volkes bejahenswert bleiben.

Ansatzpunkte einer systemkonformen Investitionslenkung

von Professor Dr. Rainer Thoss,
Universität Münster

1. Einleitung

Wenn man sich am Ende einer Veranstaltung über das Thema „Investitionslenkung" zu fragen hat, welche Ansatzpunkte in unserer Wirtschaftsordnung für eine Lenkung der Investitionen zur Verfügung stehen, und ob die zur Verfügung stehenden Instrumente systemkonform sind, so läßt es sich nicht ganz vermeiden, einiges von den Ausführungen der Vorredner zu wiederholen. Mir scheint es für das Thema erforderlich, zum einen die theoretisch denkbaren Instrumente noch einmal systematisch durchzugehen und ihre Wirkungsweise darzustellen, und zum zweiten die einzelnen Teilgebiete zu betrachten, in denen schon heute eine Investitionslenkung erfolgt. Daraus ergeben sich dann die Ansatzpunkte für den weiteren Ausbau der Prozeßpolitik.

Unter dem Eindruck der Diskussion auf dieser Veranstaltung möchte ich gerade den Gedanken einer Verbesserung der *vorhandenen* Prozeßpolitik besonders betonen. Es gibt in der Wirtschaftspolitik eine Menge von Eingriffen, die sich nicht einfach unter die Stichworte „Eucken“ und „Marx“ einordnen lassen. Dabei geht es um solche Maßnahmen des Staates, mit deren Hilfe das Angebot von Gütern und Dienstleistungen in seiner *Höhe* und seiner *Zusammensetzung* gesteuert werden soll. Die Aufgabe der Wirtschaftspolitik besteht darin, den Einsatz der Maßnahmen so zu planen, daß ein möglichst großer Erfolg im Sinne der gesetzten Funktions- und Leistungsziele erreicht wird, daß sich also die Maßnahmen nicht gegenseitig in ihrer Wirkung beeinträchtigen.

Da die meisten der hier zu erörternden Maßnahmen staatliche Einnahmen oder Ausgaben darstellen, muß es also eine Finanzplanung geben, die sich nicht einfach um den Ausgleich von öffentlichen Einnahmen und Ausgaben bemüht, sondern die sich die Aufgabe stellt, die volkswirtschaftlichen Funktions- und Leistungsziele optimal zu erfüllen. Es geht also zwar um Planung, aber um Planung der Staatsaktivität, sprich: eine Planung des Einsatzes der staatlichen Instrumente.

Meine Vorredner, insbesondere Herr *Henschel*, haben schon mehrfach darauf hingewiesen, daß überbetriebliche Investitionslenkung durchaus keine neue Erfindung in der Bundesrepublik ist. Ich habe deshalb auch bis heute nicht richtig verstehen können, wie sich das Wort zu einem derartigen Reizwort für Linke und Rechte entwickeln konnte. „Gelenkt“ wird der Faktoreinsatz in der Wirtschaft im Gegenteil bereits heute von zahlreichen Instanzen. Es gibt in der Bundesrepublik eine Vielzahl institutionell verselbständigter Teilbereiche der Prozeßpolitik, die alle eine Beeinflussung des Wirtschaftskreislaufs zum Ziel haben, für die aber viele isolierte staatliche Stellen verantwortlich sind, zwischen denen keine Koordinierung erfolgt.

Ich werde zu zeigen versuchen, daß eine grundsätzliche Veränderung unserer Prozeßpolitik oder unserer Ordnungspolitik keineswegs erforderlich ist, um die Investitionen zielkonform und systemkonform zu lenken. Insbesondere besteht keinerlei Bedarf an neuen Instrumenten, die das „System" der generellen Lenkung des Faktoreinsatzes über die Märkte zu ersetzen hätten. Wohl aber scheint es mir an einer systematischen, aufeinander abgestimmten Planung der zahllosen heute bereits erfolgenden lenkenden Eingriffe des Staates zu fehlen, und ich lege deshalb besonderes Gewicht auf die Forderung nach einer Harmonisierung und Koordinierung der lenkenden Eingriffe. Hier liegt meines Erachtens noch vieles im argen, das bei Anwendung des heutigen Standes der wissenschaftlichen Erkenntnis schon besser funktionieren könnte.

Aber bevor ich zu den Instrumenten der Investitionslenkung übergehe, möchte ich erst einmal deutlich machen, daß es über die *Ziele* der Investitionslenkung im Grunde keine ideologische Kontroverse geben kann, wenn man die Ziele nicht übermäßig befrachtet. Investitionslenkung ist kein Allheilmittel. Einige Ziele scheiden vielmehr schon deshalb aus, weil die Investitionen oder die Instrumente *mit ihnen gar nicht eng genug verknüpft sind, um sie zu beeinflussen.* Im Grunde handelt es sich deshalb bei den Funktions- und Leistungszielen nur um die bekannten magischen Vielecke der Wirtschaftspolitik, die nur im Hinblick auf die Sektoren und Regionen ein wenig präziser gefaßt werden müssen. Diese Ziele sind heute, jedenfalls unter Ökonomen, im Grundsatz in keiner Weise kontrovers. Sie können insofern auch überhaupt kein Gegenstand von parteipolitischen oder ideologischen Meinungsverschiedenheiten sein. Nur ökonomische Laien (von denen sich allerdings recht viele gerade zum Gebiet der Wirtschaftswissenschaften hingezogen fühlen) können die Zielfrage zu einer Frage des ideologischen Pluralismus emporstilisieren.

Die Forderung nach Vollbeschäftigung, Preisstabilität, außenwirtschaftlichem Gleichgewicht und ähnliche Ziele (auch für Sektoren) sind generell unter Fachleuten nicht mehr umstritten. Bis auf Bruchteile von Prozenten läßt sich über diese Ziele rasch Einigung erzielen. Wohl aber scheiden sich die Geister über die zulässigen Instrumente zur Erreichung dieser Ziele. Die aktuelle Diskussion wird denn auch geführt um die Art der zu benutzenden Instrumente, nicht um die Ziele. Im Hinblick auf die Instrumente, die zur Investitionslenkung erlaubt und zweckmäßig sind, gibt es erhebliche ideologische Gegensätze. Man kann geradezu sagen: An den *Instrumenten* erkennt man die in einem Lande herrschende Gesellschaftsordnung, die *Ziele* sind dagegen überall gleich.

2. Instrumente der Investitionslenkung

Bei der Betrachtung der verschiedenen möglichen Instrumente sind vier Typen zu unterscheiden, nämlich:

1. Imperative (oder „direkte") Instrumente,
2. indikative (oder „indirekte") Instrumente,
3. Verschiebungen der Infrastruktur-Schranken,
4. staatliche Direktinvestitionen in den einzelnen Sektoren.

Es wird somit nur auf staatliche Maßnahmen abgestellt, die auf der Angebotsseite der Gütermärkte ansetzen. Ich unterscheide mich dadurch etwas von den Beiträgen anderer Autoren, denn häufig wird im Zusammenhang mit der Investitionslenkung auch die *Nachfrage*tätigkeit des Staates auf den Gütermärkten genannt[1]). Dahinter steht die Überlegung, daß – unter den aus der Akzeleratortheorie bekannten Annahme – die Unternehmer durch Vornahme oder Unterlassung von Investitionen auf eine Ausdehnung oder Drosselung der staatlichen Nachfrage reagieren. Aus den folgenden Gründen scheint mir aber eine Beschränkung des Begriffs Investitions„lenkung" auf Maßnahmen zur Beeinflussung des Angebots zweckmäßig:

1. Natürlich wird durch staatliche Nachfrage, wie durch jede andere Nachfrage, eine Sogwirkung auf die Investitionen erzeugt. Die Unternehmer reagieren aber auf die staatliche Nachfrage genau wie auf jede andere Nachfrage. Wenn man die Nachfrage des Staates als Investitionslenkung bezeichnet, dann müßte man auch *jede andere* Veränderung der Nachfrage als Investitionslenkung

[1]) Vgl. z. B. W. Meißner, Investitionslenkung, Frankfurt/M. 1974, S. 46. Auch Meißner kommt allerdings zu dem Ergebnis, daß es sich hierbei um ein untaugliches Instrument handelt (S. 56).

bezeichnen, also auch Veränderungen des Konsums, der Exporte und der Investitionsnachfrage. Jede Veränderung der „abgeleiteten Nachfrage“ nach Faktoren wäre dann eine „Lenkung“ des Faktoreinsatzes. Der Begriff würde aber dann inhaltsleer.

2. Die Diskussion über die Investitionslenkung geht doch gerade von der Vermutung aus, daß die Investoren sich *nicht* rasch genug an Nachfrageänderungen anpassen. Durch die hier diskutierte Lenkung des Faktors Kapital soll ja im Gegenteil erst das Gleichgewicht von Angebot und Nachfrage auf den Gütermärkten erreicht werden. Das Angebot soll sich der Nachfrage anpassen und nicht umgekehrt. Man will durch vorausschauende Lenkung – ex ante – einerseits erreichen, daß das Angebot *dann bereits vorhanden ist,* wenn die Nachfrage (des Staates oder anderer Nachfrager) auf einem Markt wirksam wird, damit es nicht zu Engpässen und den damit verbundenen Preissteigerungen kommt. Andererseits soll es aber auch nicht zu Überkapazitäten und Entlassungen kommen. Wenn die Unternehmer reibungslos auf solche Veränderungen der Nachfrage reagieren würden, dann brauchte man auch nicht weiter über die Investitionslenkung nachzudenken, sondern dann wäre die korrekte Lenkung der Faktoren durch den Marktmechanismus gewährleistet.

3. Eine Lenkung der Produktionsfaktoren durch Nachfrageveränderungen des Staates (etwa im Sinne der antizyklischen Fiskalpolitik) würde voraussetzen, daß der Staat zum Zwecke der Len-

kung auch Güter und Dienstleistungen nachfragt, die er gar nicht benötigt; oder daß er auf Dinge verzichtet, die er benötigt. Natürlich ist dies eine – oft beklagte – Nebenwirkung der Fiskalpolitik, aber man kann dieses Verhalten des Staates beim besten Willen nicht als „Lenkung" der Faktoren bezeichnen.

Für die weitere Betrachtung müssen die oben genannten vier Typen von Instrumenten weiter unterteilt werden:

I. Imperative Instrumente
1. Investitionsverbote
   a) für bestimmte Produktions-Verfahren
   b) für bestimmte Standorte
   c) für bestimmte Produktarten
   d) für bestimmte Produktmengen
2. Investitionsgebote
   (bei Privateigentum an Produktionsmitteln praktisch nicht vorstellbar)

II. Indikative Instrumente
1. Zinssätze
2. Steuern
3. Subventionen

III. Bereitstellung von „wirtschaftsnaher" Infrastruktur
1. Energie
2. Verkehr
3. Entsorgung

IV. Direktinvestitionen in staatlichen Betrieben.

Zahlreiche Beispiele für die Anwendung dieser Instrumente finden sich bei K. Porzner[2]).

Vielfach werden auch noch andere Dinge in Zusammenhang mit der Investitionslenkung gebracht[3]), z. B.:

- Langfristige Projektionen der Produktion,
- Empfehlungen über die Höhe der Investitionen,
- die Aufstellung einer „Bedarfsskala" zur Setzung von Prioritäten,
- eine Meldepflicht für Investitionen,
- die Bildung neuer Gremien zur Durchführung der Maßnahmen[4]).

Ich wollte eigentlich auf diese Punkte im folgenden nicht weiter eingehen, denn sie haben nach meiner Auffassung mit Lenkung im eigentlichen Sinne nichts zu tun. Nach der gestrigen Diskussion möchte ich aber zwei Bemerkungen machen:

Die erste betrifft die Bedarfsrangskalen. M. E. kann es nicht Aufgabe der Investitionslenkung sein, die Konsumstruktur zu verändern. Ziel muß es vielmehr sein, für die Konsumenten genau die Güter zu produzieren, die nachgefragt werden. Alle anderen Vorschläge entspringen einem Übermaß an elitärem Denken, das die Konsumenten als unmündige Bür-

[2]) Vgl. K. Porzner, Wirtschaftspolitische Lenkungsinstrumente, in: WSI-Mitteilungen, 28 (1975), S. 12 ff.

[3]) Vgl. z. B. K. G. Zinn, Investitionskontrollen und -planung, in: Wirtschaftsdienst, 53 (1973), S. 301 ff.

[4]) Vgl. M. Krüper, Demokratische Kontrolle muß sein, in: Wirtschaftswoche, 28 (1974), Nr. 27, S. 64.

ger ansieht. Wichtigstes Erfolgskriterium der Investitionslenkung ist vielmehr, ob Halden und Engpässe entstehen oder nicht.

Eine zweite Bemerkung: Einzige Instanz, der man die Investitionslenkung anvertrauen könnte, ist der Staat mit seiner demokratisch gewählten Regierung. Mit beratender Funktion sollte aber ein Beirat geschaffen werden, der die politischen Entscheidungen vorbereiten hilft[5]).

Mit Ausnahme staatlicher Investitionsgebote werden alle Maßnahmen der Investitionslenkung schon heute in der Bundesrepublik Deutschland benutzt. Daß damit keine besseren Erfolge erzielt werden, liegt m. E. nur an dem völligen Mangel an Koordination der einzelnen Maßnahmen, der dazu führt, daß sich die einzelnen Instrumente zum Teil in ihrer Wirkung gegenseitig aufheben. Man tut ja in vielen Bereichen der Wirtschaftspolitik immer noch so, als sei der Computer noch nicht erfunden.

Die wichtigste Kontroverse über eine Erweiterung dieses Instrumentariums betrifft natürlich die Frage der Zulässigkeit und Zweckmäßigkeit von Verboten und Geboten in der Strukturpolitik. Dazu muß man klar sagen, und das hat auch Herr *Meißner* gestern getan, daß Investitionsgebote so lange nicht in Frage kommen können, wie grundsätzlich an der Institution des Privateigentums an den Produktionsmitteln festgehalten wird. Der Investor trägt das Risiko für

---

[5]) Vgl. H.-J. Bodenhöfer, Strukturpolitik und Investitionslenkung, in: Wirtschaftsdienst, 54 (1974), S. 607.

die zu investierenden Beträge, und es kann von niemandem verlangt werden, ein Risiko einzugehen, wenn er dazu nicht bereit ist. Der Staat muß dann schon selbst die entsprechenden Investitionen durchführen und die Produktion selbst übernehmen; und hierfür gibt es ja auch viele Beispiele, z. B. im Energiebereich, im Verkehrssektor oder im Bankwesen.

Im Gegensatz zu den *Ge*boten sind *Ver*bote bei uns ein durchaus gebräuchliches imperatives Mittel der Investitionslenkung. Sie treten allerdings sozusagen „in Verkleidung" auf, nämlich als Versagung einer Investitionsgenehmigung durch die Bauaufsicht, die Flächennutzungsplanung, durch die Wasserbehörden, durch die Gewerbeaufsicht oder durch ähnliche Behörden. Sie betreffen nicht etwa nur die regionale Struktur der Investitionen, sondern auch Produktionsverfahren und Betriebsgrößen. Wenn man hier die Frage des „Ob" aufwerfen würde, so ginge man völlig am Problem vorbei. Die Mängel des heute gebräuchlichen Systems bestehen im Fehlen jeglicher Koordinierung der Branchenpolitik, der Regionalpolitik und der Umweltpolitik mit den übrigen lenkenden Instanzen. Nur so ist es z. B. zu erklären, daß einerseits unsere Energiepolitik den Bau von Kraftwerken plant, während die Genehmigungsbehörden diese Politik nach Kräften torpedieren. Oder daß man sich im Ruhrgebiet einerseits um die Schaffung neuer Arbeitsplätze bemüht, während andererseits ansiedlungswillige Betriebe keine Genehmigung erhalten. Was nottut, ist also kein neues Instrumentarium, sondern eine bessere Planung des Einsatzes der Instrumente.

Im Unterschied zu den imperativen Instrumenten wird beim Einsatz indikativer Instrumente vom Staat keine unmittelbare Auflage im Hinblick auf das Investitionsvolumen gemacht. Die Freiwilligkeit der Reaktion bleibt dem Investor erhalten. Die Dispositionsfreiheit der Unternehmer wird also *nicht im geringsten* tangiert. Der Staat versucht jedoch – völlig systemkonform –, die Investitionsmotive zu beeinflussen. Er setzt sozusagen Signale für den Investor, in welchen Bereichen und an welchen Orten Investitionen erwünscht sind, und wo nicht.

Vom Standpunkt der Planung der Wirtschaftspolitik aus gesehen, sind die indikativen Instrumente schwieriger zu handhaben. Während man mit Geboten unmittelbar die Höhe der Investitionen festlegen könnte, muß man bei den indikativen Instrumenten erst einmal deren voraussichtliche Wirkung auf die Investitionen erforschen, also eine Wirkungsanalyse und Wirkungsprognose der Instrumente durchführen[6]). Erst dann kann man die optimale Dosierung bestimmen. Aber man erhält immer nur eine stochastische Aussage und kann sich nie völlig darauf verlassen, daß die erwartete Reaktion der Investoren auch im erforderlichen Ausmaß erfolgt. Außerdem kommt es darauf an, eine möglichst starke Differenzierung nach Sektoren und Regionen zu erreichen, damit die Wirkung verbessert wird. Das ist aber nicht immer möglich.

---

[6]) In einem ökonometrischen Modell wirkt sich das so aus, daß imperative Instrumente keine zusätzlichen Gleichungen erfordern, während die Wirkung der indikativen Instrumente durch zusätzliche Gleichungen beschrieben werden muß.

Der große Vorteil der indikativen Instrumente besteht natürlich darin, daß sie die Feinsteuerung über den Marktmechanimus so weit wie möglich beibehalten, weil sie nur die Marktdaten für den einzelnen Unternehmer verändern. Ich möchte hier der gestern geäußerten Auffassung mit Entschiedenheit widersprechen, daß indikative Maßnahmen etwa nur eine Vorstufe der imperativen Eingriffe darstellen. Es gibt doch z. B. nicht den geringsten Anlaß zu der Befürchtung, daß aus der Diskontpolitik eines Tages Investitionsverbote oder gar Investitionsgebote hervorgehen könnten. Die Diskontpolitik ist wohl das bekannteste Beispiel für eine indikative Lenkung. Aber auch die indikativen Investitionszulagen im Rahmen der regionalen Strukturpolitik sind hier zu nennen. Im Gegenteil zu der gestern gemachten Aussage ist es heute in vielen Kreisen Mode geworden, die Erfolgsaussichten solcher indikativer Maßnahmen in Frage zu stellen, aber bisher ist es doch häufig so gewesen, daß der eine Fuß des Staates gebremst hat, während der andere noch kräftig Gas gab. Um wieviel größer könnten unsere wirtschaftspolitischen Erfolge sein, wenn man die einzelnen Instrumente so einsetzen würde, daß sie sich gegenseitig unterstützen.

Als weiteres Instrument der Investitionslenkung, das in diesem Zusammenhang zu erwähnen ist, hatte ich eingangs die Infrastruktur genannt. Einige Bereiche der Infrastruktur, nämlich die Versorgung mit Energie und Wasser, die Entsorgung und das Verkehrssystem, werden nicht nur von Haushalten benutzt, sondern auch von Unternehmen. Man spricht in diesem Zusammenhang sogar auch häufig von „wirtschaftsnaher“, oder „unternehmensorientierter“ oder „produktiver“ Infrastruktur, obwohl diese Bezeichnungen m. E. irreführend sind, weil diese Infrastruktur stets auch von Haushalten benutzt wird. In jedem Falle sind die entsprechenden Einrichtungen auch dort zur Verfügung zu stellen, wo es überhaupt keine Unternehmungen gibt, denn sie dienen immer auch zugleich der Versorgung der privaten Haushalte. Investitionslenkende Effekte der Infrastruktur sind also stets gleichsam ein „Nebeneffekt“ der Versorgung der Haushalte mit öffentlichen Dienstleistungen.

Gerade diese Tatsache macht nun allerdings den zweckrationalen Einsatz dieses Instruments etwas schwierig, denn – wie bei den indikativen Maßnahmen – hängt auch hier die Wirkung von einer genügend starken räumlichen und sachlichen Differenzierung, der Existenz eines „Druckgefälles“, ab. Jede Differenzierung bedeutet aber zugleich eine Diskriminierung der betroffenen Bevölkerung. Will man etwa ein Gefälle von der Stadt zum Land erzeugen, so muß man die Städter schlechter stellen als die Landbevölkerung. Hinzu kommt, daß die Erfahrung zeigt, daß einer Vergrößerung der Infrastrukturausstattung in einer Region keinesfalls zwangsläufig eine Ausdehnung der Produktion folgt. Das Vorhandensein von Infrastruktureinrichtungen ist also nur eine *Vorbedingung*, nicht aber eine Garantie für eine Investitions- und Einkommenssteigerung. Der Wachstumsprozeß beginnt erst dann, wenn der durch die Erweiterung der Infrastruktur geschaffene Wachstumsspielraum von Unternehmern auch wirklich ausgenutzt wird. Umgekehrt kann aber der

Wachstumsprozeß ohne ausreichende Infrastruktur nicht beginnen.

Diese „Schrankenhypothese“ der Infrastruktur wird z. B. auch von *Tuchtfeldt* vertreten. Bei der Infrastruktur handelt es sich nach seiner Meinung um „typische Zwischenprodukte, die wegen ihrer mangelnden Importfähigkeit als Wachstumsschranke wirken können“[7]). Solange in einer Region die Infrastrukturschranken noch nicht erreicht sind, ist wirtschaftliches Wachstum auch ohne zusätzlichen Ausbau der öffentlichen Einrichtungen möglich. Sobald aber die Infrastruktur zur Schranke wird, ist eine parallele Erweiterung der Infrastrukturausstattung eine Voraussetzung für weiteres Wirtschaftswachstum. Die Beziehung zwischen Infrastruktur einerseits und Arbeit und Kapital andererseits ist also limitional.

Die Bedeutung der Infrastruktur liegt also nicht darin, daß die privaten Unternehmer durch ihre Benutzung Kosten sparen, wie *Hirschman*[8]) es darstellt, sondern darin, daß die Güterproduktion „möglich“ oder „unmöglich“ gemacht wird.

Dabei gibt es allerdings graduelle Unterschiede in der Wirksamkeit der Schranken, die vom Grad der Importierbarkeit (Transportierbarkeit) und ihrer Ersetzbarkeit durch Substitute abhängen. Auf die Be-

---

7) E. Tuchtfeldt, Infrastrukturinvestitionen als Mittel der Strukturpolitik, in: R. Jochimsen und U. E. Simonis (Hrsg.), Theorie und Praxis der Infrastrukturpolitik, Berlin 1970, S. 133.

8) A. O. Hirschman, The Strategy of Economic Development, New Haven und London 1958, S. 86/87.

deutung der fehlenden Importierbarkeit haben sowohl *Tuchtfeldt* als auch schon *Hirschman* hingewiesen (S. 84).

Aus dem Gesagten ergeben sich folgende Konsequenzen einer Verschiebung der Infrastrukturschranken in einer Region oder für einen Sektor:

Wenn in vielen Teilen eines Landes die Infrastrukturschranken bereits erreicht sind, d. h. wenn dort ein hoher Wachstumsdruck besteht, dann wird alsbald ein Teil der Investitionen in die Region oder den Sektor mit der neu geschaffenen Infrastrukturkapazität einströmen. Wenn dagegen der Wachstumsdruck gering ist, dann nützt die Bereitstellung von Infrastruktur in einem zurückgebliebenen Gebiet vermutlich nicht sehr viel.

Eine Lockerung der Infrastrukturschranken ist aber in jedem Falle Voraussetzung für einen Erfolg der anderen (indikativen) Instrumente, die man eventuell zur Beeinflussung der Investitionen einzusetzen wünscht.

Um einen größtmöglichen Erfolg zu erzielen und Verschwendung zu vermeiden, kann nicht wahllos überall gleichzeitig die Infrastruktur ausgebaut werden, sondern nur dort, wo durch Kombination mit anderen Maßnahmen ein Erfolg zu erhoffen ist.

Die Erfolgschancen einer Lockerung der Infrastrukturschranken sind um so größer, je mehr man gleichzeitig andere Regionen oder Sektoren bei der Verteilung der Mittel diskriminiert, um dort den nötigen Wachstumsdruck zu erzeugen.

Als letztes Instrument bleibt dem Staat natürlich immer die direkte Investition in den produzierenden Sektoren. Die Erfahrung zeigt aber, daß auch mit dieser Maßnahme die Ziele der Investitionslenkung nicht zu erreichen sind, solange der Gebrauch mathematischer Koordinierungshilfen in der Wirtschaftspolitik tabuisiert bleibt.

3. Ansatzpunkte der Investitionslenkung in Teilbereichen der Wirtschaftspolitik

3.1 Konjunkturpolitik[9])

Der zweifellos bekannteste Ansatzpunkt für eine systemkonforme Investitionslenkung ist die Geldpolitik der Zentralbank. Man muß sich nur erst an den Gedanken gewöhnen, daß hier seit Jahrzehnten in großem Stile Investitionslenkung betrieben wird. Gezielt ist die Zinspolitik zwar auf die Gesamtheit der Investitionen, aber man darf sich nicht darüber täuschen, daß Zinsveränderungen von Branche zu Branche unterschiedlich auf die Investitionsneigung wirken, daß die Zinselastizität etwa der Bauinvestitionen ganz anders ist als die der Anlageinvestitionen. Und da die einzelnen Sektoren nicht gleichmäßig auf die Fläche der Bundesrepublik verteilt sind, ergeben sich auch ungleiche regionale Auswirkungen.

---

[9]) Vgl. R. Thoss, Zur Weiterentwicklung der Globalsteuerung: Integration von Konjunktur- und Strukturpolitik, in: G. Fleischle und M. Krüper (Hrsg.), Investitionslenkung – Überwindung oder Ergänzung der Marktwirtschaft?

Die antizyklische Fiskalpolitik – jedenfalls in der globalen Form, wie sie aufbauend auf Keynes entwickelt worden ist – halte ich dagegen nicht für einen geeigneten Ansatzpunkt bei der Suche nach *Instrumenten.* Wohl aber spielen die Staatsausgaben unter den *Zielen* eine wichtige Rolle[10]). Die auf Keynes basierende Theorie der Globalsteuerung empfiehlt bekanntlich, daß der Staat seine eigene Nachfrage der jeweiligen Nachfrage der Privaten anzupassen hat. Ist die private Nachfrage im Vergleich zum Angebot zu groß, so hat der Staat seine Investitionen und seinen Konsum einzuschränken. Nur wenn die private Wirtschaft und die Haushalte sich einmal mit ihrer Nachfrage zurückhalten, also im Falle einer Rezession, ist es nach der Keynesschen Theorie angezeigt, die staatlichen Investitionen zu erhöhen.

Nicht das Angebot soll also an die Nachfrage angepaßt werden, sondern die Nachfrage des Staates soll gerade immer so zurechtgestutzt werden, daß sie die von den Privaten verschmähten Reste des Sozialprodukts gerade aufnimmt.

Ich will hier gar nicht weiter auf die Gerechtigkeitsaspekte dieser Art von Infrastrukturpolitik eingehen (also auf die Tatsache, daß die Versorgung der Bevölkerung mit öffentlichen Einrichtungen völlig der Konjunktursteuerung untergeordnet wird), denn hier interessiert ja vor allem der negative Effekt für

---

[10]) Vgl. R. Thoss, Ziele der Strukturpolitik, in: Wirtschaftswoche, 28 (1974), Nr. 32, S. 56; R. Jochimsen, Für einen Bundesentwicklungsplan, in: Die Neue Gesellschaft, 3 (1969), S. 238 ff.; H. Ehrenberg, Zwischen Marx und Markt, Frankfurt/Main 1974, S. 146 ff.

die Investitionslenkung. Diese Art von antizyklischer Politik bedeutet, daß die Öffnung und Schließung der Infrastrukturschranken, von der ich oben gesprochen habe, einzig und allein unter globalen Gesichtspunkten erfolgen müßte. Nicht nur ist dabei kein Platz für eine gezielte Strukturpolitik, sondern Strukturschädigungen werden sogar bewußt in Kauf genommen. Deshalb kommt es darauf an, die Strukturpolitik und die Globalpolitik miteinander zu verschmelzen. Bei der Verfolgung der Niveauziele müssen auch die Strukturziele mit beachtet werden, und umgekehrt. Es darf also nur soviel Wachstum angestrebt werden, daß die Strukturziele nicht gefährdet werden; aber es darf auch nur soviel Strukturpolitik betrieben werden, daß das Wachstum nicht zu stark gedrosselt wird.

Und für das Verhältnis der Strukturziele zum Stabilitätsziel gilt das gleiche: Die Strukturpolitik muß dabei helfen, die Stabilitätsziele zu verwirklichen; aber andererseits darf man auch die Ziele einer ausgewogenen Wirtschaftsstruktur und der Sicherheit der Versorgung nicht auf dem Altar der Stabilitätsziele opfern.

3.2 Regionale Strukturpolitik

Die regionale Wirtschaftspolitik erhielt in der Bundesrepublik Deutschland seit dem Jahre 1968 immer größere Bedeutung, denn zu diesem Zeitpunkt begann eine erhebliche Intensivierung und Koordinierung der Maßnahmen von Bund und Ländern. Da die tatsächliche regionale Verteilung der privaten Investitionen nicht den Zielvorstellungen der Raumordnung entspricht, weil sie sich auf die Verdichtungsräume konzentrieren, während die unterentwickelten ländlichen Gebiete zu langsam wachsen, setzt man zur regionalen Lenkung der Investitionen indikative Instrumente ein und versucht zugleich, die Infrastrukturschranken gezielt zu verschieben.

Seit dem 10. 2. 1969 werden diese Instrumente in den sog. Aktionsprogrammen, und später in der Gemeinschaftsaufgabe „Verbesserung der regionalen Wirtschaftsstruktur", weitgehend zusammengefaßt. Eine Differenzierung der Instrumente erfolgt dabei lediglich nach Regionen bzw. Schwerpunktorten, nicht aber nach Sektoren.

Als finanzielle Anreize werden gewährt:

a) Investitionszulagen, zunächst maximal 10 %, seit dem 12. 10. 1973 maximal 7,5 % der Investitionssumme für Errichtungs- und Erweiterungsinvestitionen in den Gebieten der Regionalen Aktionsprogramme bzw. der Gemeinschaftaufgabe „Verbesserung der regionalen Wirtschaftsstruktur", maximal 7,5 % der Investitionssumme für Rationalisierungs- und Umstellungsinvestitionen im Zonenrandgebiet.

b) Investitionszuschuß, differenziert für die einzelnen Schwerpunktorte der Regionalen Aktionsprogramme bzw. der Gemeinschaftsaufgabe „Verbesserung der regionalen Wirtschaftsstruktur", maximal 15 % der Investitionssumme (wenn Investitionszulage nicht gewährt wurde, maximal 25 % der Investitionssumme).

c) ERP-Kredite zur Errichtung, Erweiterung, grundlegenden Rationalisierung sowie Umstellung von Betrieben in Gebieten der Gemeinschaftsaufgabe und in Bundesausbauorten außerhalb dieser Gebiete (Zinssatz 5% bzw. 6%, Laufzeit 12 Jahre).

d) Abschreibungserleichterungen, Steuervergünstigungen (besonders im Zonenrandgebiet), zusätzliche Länderzuschüsse.

Hinzu kommt die gezielte Verbesserung der Infrastrukturausstattung. Die Träger der regionalen Wirtschaftspolitik gehen von der Annahme aus, daß die private Investitionsentscheidung in erheblichem Maße von der Infrastrukturausstattung bestimmt wird. Daher wird der Ausbau der sogenannten wirtschaftsnahen Infrastruktur mit öffentlichen Mitteln gefördert. Es werden an Gemeinden bzw. Gemeindeverbände, in Gebieten der Regionalen Aktionsprogramme bzw. der Gemeinschaftsaufgabe „Verbesserung der regionalen Wirtschaftsstruktur", Investitionszuschüsse und ERP-Darlehen gewährt, z. B. für die Erschließung von Industriegelände, den Ausbau von Verkehrsverbindungen, Energieversorgungsanlagen und die Wasserversorgung bzw. Abwasserreinigung. Auf diese Weise sollen die Voraussetzungen für freiwillige Investitionen in den Fördergebieten geschaffen werden. Eine gezielte Diskriminierung der Verdichtungsgebiete ist dagegen bisher nicht geplant.

3.3 Sektorale Strukturpolitik

Auch die sektorale Strukturpolitik bietet einen Ansatzpunkt für systemkonforme Maßnahmen der Investitionslenkung. Allerdings ist in dieser Hinsicht der derzeitige Stand der Offenlegung der einzelnen indikativen Maßnahmen noch zu gering, als daß man die Investitionslenkung in den einzelnen Sektoren miteinander vergleichen könnte. Man denke nur an die zahllosen Eingriffe in den Agrarsektor, an die Energiepolitik, an die Lenkung der privaten Verkehrsinvestitionen und die Förderung des Wohnungsbaus. In dieses Dickicht der Subventionen ist bisher noch kaum Licht gebracht worden, und man muß deshalb zunächst eine Verbesserung der Informationsbasis fordern, damit Wirkungsanalysen der einzelnen Subventionsmaßnahmen durchgeführt werden können. Leider findet das Problem der Subventionswirkungen aber auch nur geringes wissenschaftliches Interesse an den finanzwissenschaftlichen Lehrstühlen, so daß von dort aus keine wesentlichen Anstöße ausgehen, die sektorale Strukturpolitik im Hinblick auf ihre Allokationswirkungen zu verbessern und mit anderen Bereichen der Wirtschaftspolitik zu koordinieren.

Wie dringlich die Verzahnung der Sektoralpolitik mit der Regionalpolitik ist, mag man daraus ersehen, daß etwa im Rahmen der Regionalpolitik Bekleidungsbetriebe gefördert worden sind, während da schon sektorale Überkapazitäten sichtbar wurden.

3.4 Umweltpolitik

Zu nennen bleiben schließlich auch noch die Ansatzpunkte in der Umweltpolitik. Hier werden aber vorwiegend die imperativen Instrumente der Flächennutzungsplanung und der Gewerbeaufsicht eingesetzt.

Das Hauptanliegen der Behörden besteht darin, daß bei Produktion und Konsum der von der Wirtschaft erzeugten Güter nicht zu viele schädliche Substanzen erzeugt werden, daß Flächen umweltfreundlich genutzt werden und daß die natürlichen Ressourcen nicht im Übermaß abgebaut werden. Dazu muß man einerseits die Investitionen in die Gebiete lenken, in denen die Mindestgrenzen der Umweltqualität noch nicht erreicht sind. Zweitens muß man Einfluß auf die verwendeten Produktionsprozesse nehmen, um die Güter und Dienstleistungen sauberer und umweltschonender zu erzeugen. Drittens müssen die produzierten Gütermengen kontrolliert werden, so daß die Umweltziele nicht verletzt werden. Für die einzelnen (imperativen) Instrumente sind keine besonderen Wirkungsanalysen erforderlich.

Unabdingbar ist allerdings ihre Einbeziehung in den Koordinationsprozeß der Investitionslenkung, damit die Disharmonien und Widersprüche beim Einsatz dieser Instrumente beseitigt werden.

4. Der zielkonforme Einsatz der verfügbaren Instrumente

Es wurde bereits mehrfach darauf hingewiesen, daß das eigentliche Problem der Investitionslenkung bei der Koordinierung der Maßnahmen zu suchen ist.

Wegen der Vielzahl der beteiligten Institutionen und der Komplexität der zu beachtenden Zielverflechtungen und Wirkungsbeziehungen benötigt man zur zielkonformen Dosierung der Instrumente ein Entscheidungsmodell, das die Interdependenzen zwischen den verschiedenen Zielen und Instrumenten sichtbar macht und deren koordinierten Einsatz ermöglicht. Zur Erreichung dieser Ziele müssen die auch bisher bereits verwendeten indikativen Lenkungsmaßnahmen der Geldpolitik, der Fiskalpolitik und der Subventionspolitik simultan eingesetzt werden, das heißt, die einzelnen Ressorts müssen auf ein koordiniertes Vorgehen verpflichtet werden. Von Periode zu Periode muß die Dosierung der staatlichen Steuerungsmaßnahmen – gleichzeitig sowohl für den Bereich der Globalsteuerung als auch für die sektorale und regionale Strukturpolitik und die Umweltpolitik – stets von neuem berechnet werden, damit alle Maßnahmen koordiniert auf die Erreichung der Ziele ausgerichtet werden. Solchen Zwecken dienen die in den letzten Jahren von Unternehmensforschung und Ökonometrie entwickelten Entscheidungsmodelle.

Die Diskussion im Überblick*)

bearbeitet von Dipl.-Kfm. Wolfram Gruhler,
Institut der deutschen Wirtschaft, Köln

I. Begründungskatalog

Von den Befürwortern der überbetrieblichen Investitionsplanung wurden im wesentlichen *drei Systemmängel* herausgestellt:

1. Ineffizienz des Preismechanismus
   im Hinblick auf die Vernachlässigung externer Effekte,
   hinsichtlich der optimalen Allokation der Investitionen,

2. unzureichende Bedarfsdeckung im Wege privater Gewinnerzielung,

3. Erstarrung der Marktstrukturen und mangelnder Wettbewerb.

Neben diesem systemkritischen Begründungsansatz gab es aber auch eine *pragmatisch-technokratische*

---

*) Alle wesentlichen Argumente aus der Diskussion wurden nach Schwerpunkten zusammengefaßt. Auf Namensnennungen wurde wegen der Fülle der Beteiligungen verzichtet; nur einige Antworten von Referenten sind namentlich gekennzeichnet.

Variante, die in der Investitionsplanung ein Mittel sieht:

1. zur Behebung des Defizits an adäquaten, staatlichen Steuerungsmaßnahmen (Henschel) und damit ein Instrument zur Stabilisierung des grundsätzlich für reformfähig gehaltenen Ordnungssystems,
2. zur Regionalisierung und Sektoralisierung der Konjunktursteuerung (Henschel und Thoss).

In die verbal abgeschwächteste Form mündeten die beiden vorgenannten Ansätze in dem Postulat, das vorhandene prozeßpolitische Instrumentarium zu verbessern und zu koordinieren, um damit (nach Thoss) eine optimale Verwirklichung gesamtwirtschaftlicher Ziele zu erreichen.

Die Begründungsrelevanz der *mangelnden Internalisierung der externen Effekte* wurde weitgehend bestritten. Tatsächlich operiere die Wirtschaft unter von der Gesellschaft gesetzten Rahmenbedingungen auch im Hinblick auf die Berücksichtigung externer Effekte (wie Umweltschutz etc.). D. h., sie habe die bestehenden oder noch zu schaffenden gesetzlichen Bestimmungen und Verordnungen zu berücksichtigen. Dies schlage sich auch in den Kosten nieder und werde damit internalisiert. Gerade bei privaten Investitionsentscheidungen bestehe – im Gegensatz zu öffentlichen – eine Neigung des Gesetzgebers, externe Kosten zu internalisieren. Bei öffentlichen Investitionen hingegen träten nicht internalisierte Kosten in sehr viel höherem Maße auf, wenn man z. B. an den Bau von Krankenhäusern, Universitäten, Schulen denke, die am Bedarf vorbei errichtet würden. Deren Kosten würden nicht zuletzt deshalb überhaupt nicht internalisiert, weil dies bei dem jeweils herrschenden „Nulltarif“ schon technisch nicht möglich und überdies nicht opportun sei. Diesem Einwand wurde mit dem Hinweis auf die zunehmende Anwendung der Cost-Benefit-Analysen bei öffentlichen Investitionen entgegengetreten. Es sei gerade das Wesensmerkmal dieser Analysen, auf solchen Gebieten „Preise“ zu entwickeln, auf denen Marktpreise fehlen. Bei zielgerichteter Durchführung einer Cost-Benefit-Analyse würden auch die externen Effekte internalisiert. Dies geschehe in höherem Umfang als bei Investitionsentscheidungen, die sich an Marktpreisen ausrichteten und damit nur diejenigen externen Effekte berücksichtigten, die im Marktpreis bewertbar seien.

Die zweite Begründungsthese, wonach *auf Preisbasis* von *heute* die *Investitionsentscheidungen für morgen* nicht eindeutig bestimmbar seien, wurde ebenfalls bestritten oder eine wirksamere Alternative nicht für erfolgreich gehalten. Falsch gesehen werde, daß bei unternehmerischen Investitionsentscheidungen immer die Status-quo-Preise bestimmend seien. Tatsächlich mache man sich sehr wohl Gedanken über künftige Preisrelationen. Diesem Einwand wurde im wesentlichen zugestimmt. Er wurde nur dahingehend relativiert, daß weniger die Weitsichtigkeit unternehmerischen Investitionsverhaltens als vielmehr die Kurzsichtigkeit der liberalen Ordnungstheorie kritisiert werden sollte. Diese sei nicht in der Lage, die Diskrepanz zwischen Investitionstheorie und unternehmerischem Handeln auszuräumen. In der Tat liege hier ein Mißverhältnis zwischen Idealtypus und realer Verhaltensweise vor.

Zur angeblichen *Inadäquanz des Gewinnerzielungsprinzips für die Bedarfsdeckung* gab es erheblichen Widerspruch. So wurde an Beispielen aus der Praxis, dem Scheitern von Zigarettenmarken, Automobilmodellen und der Konkurshäufigkeit dargetan, wie risikoreich es ist, in diesem Ordnungssystem zu produzieren. Ein mangelhaftes Eingehen auf die Nachfrage ziehe eben entsprechende Sanktionen nach sich. Auch entstehe nur dann ein Gewinn, wenn den tatsächlichen Markt- und Nachfragebedürfnissen entsprochen werde; und nicht umgekehrt, daß erst der Gewinn da sei und danach die Bedürfnisse nach dem Gewinn modifiziert würden. Im übrigen könne der Bereich der gesellschaftlichen Bedürfnisse, der durch private Produktion und Bereitstellung von Dienstleistungen nicht abgedeckt sei, auch im derzeitigen Ordnungssystem durch staatliches Tätigwerden – z. B. in Richtung Infrastrukturinvestitionen – korrigiert werden. Der Fehler sei insoweit nicht systembedingt, sondern darin zu suchen, daß es dem Staat als Ganzes bisher nicht gelungen sei, seine eigenen Investitionen sinnvoll aufeinander abzustimmen. Wenn man so wolle, habe die Investitionslenkung schon im eigentlichen staatlichen Bereich versagt. Zudem sei die Behauptung, daß die bisherige marktwirtschaftliche Ordnung die Bedürfnisse der Bevölkerung nicht oder nur unzureichend befriedige, nicht zu beweisen. Man könne hier durchaus auch gegenteiliger (im Hinblick auf die öffentlichen Investitionen differenzierter) Meinung sein.

Nachdem der Hinweis auf die Konkursstatistik als nicht beweiskräftig genug abgelehnt wurde: da sie im wesentlichen nur kleine und mittlere Unternehmen erfasse, die in der Tat den „ehernen Marktgesetzen“ erlegen seien – wurde darauf hingewiesen, daß dieses Mißerfolgsrisiko durchaus auch für Großunternehmen gelte. Entsprechende Beispiele fänden sich in der Automobilindustrie, wobei allerdings ein starker moralischer wie faktischer Druck auf die Unternehmen ausgeübt werde, die Betriebe trotz mangelnder Rentabilität aus sozialen Gründen fortzuführen. Die Forderung nach Investitionskontrolle erweitere sich somit zunehmend und in der Praxis in Richtung einer „Desinvestitionskontrolle“.

Im übrigen sei die Behauptung, wonach der private Investor die tatsächlichen Bedürfnisse über den Anreiz der Gewinnerzielung allenfalls als Nebenziel befriedige, während Bedürfnisbefriedigung im öffentlichen Sektor unmittelbar erfolge, auch in dieser Gegenüberstellung nicht haltbar. Beide, Unternehmer wie Politiker, seien von Erfolgserlebnissen abhängig. Beide seien aber auch in gewisser Weise geneigt, lenkend die Nachfrage zu beeinflussen. Einerseits, weil zwischen der Entscheidung für eine Investition und der Befriedigung der Nachfrage ein erheblicher time-lag liege und zum anderen, weil durch eine Beeinflussung der Nachfrage im Sinne einer vorab getroffenen Investitionsentscheidung natürlich der Erfolg begünstigt werde.

Insgesamt wurde denn auch von den einzelnen Diskussionsrednern dem indirekten Verfahren, über Gewinnerzielung die Bedürfnisbefriedigung zu erreichen, ein höheres Maß an Flexibilität zugesprochen, als dies einem System überbetrieblicher Investitionslenkung inhärent sei. Ein tatsächlich effizienteres

„Suchverfahren“ zur Erkundung der Nachfrage und ihrer Veränderung als das im Wege der einzelwirtschaftlichen Investitionsentscheidungen ablaufende wurde nicht für möglich gehalten. Die moralische Berechtigung der Ausrichtung der Investitionen am Gewinnkriterium wurde auf Anfrage nicht bestritten. Dies gelte aber nur, wenn infolge gegebener Reagibilität der Markt seine Funktion ausüben könne. Tatsächlich existiere aber das Prinzip des vollkommenen Wettbewerbs nur noch auf den ersten Seiten unserer Lehrbücher. In der Realität funktioniere der dezentralisierte vollkommene Marktmechanismus nicht.

Die damit vor allem von Werner Meißner als vierte und Hauptbegründungsthese eingebrachte, angeblich weitgehend anzutreffende *konzentrationsbedingte Markterstarrung* (oder Marktmanipulation) und die in die gleiche Richtung zielende Behauptung von Rudolf Henschel, daß durch überdurchschnittliche Erträge in einigen vermachteten Märkten eine *Verschärfung der sozialen Konflikte und Verteilungskämpfe* eingetreten sei, wurde lebhaft bestritten.

Selbstverständlich herrsche in der wirtschaftlichen Wirklichkeit das in den Lehrbüchern dargestellte „Modell der vollkommenen Konkurrenz“ nicht. Dies habe so auch nie existiert. Deshalb könne dieser vorgebliche Mangel als Begründung für die Investitionslenkung nicht stechen. Die Frage sei jedoch, ob ein per Saldo optimaler (also weder maximaler noch minimaler) Wettbewerb herrsche. Zunehmende Betriebsgröße bedeute nicht etwa abnehmenden Wettbewerb, sondern im Gegenteil (z. B. besonders fühlbar in Blick auf den Handel) eine erhebliche Verschärfung. Die vom Bundesverband der Deutschen Industrie (BDI) seit Jahren untersuchte Preis- und Kostenentwicklung in ungefähr 40 sogenannten oligopolistischen Industriezweigen lasse alles andere als starre Strukturen, sondern im Gegenteil lebhafte Preisschwankungen erkennen, was schon allein hinsichtlich des Preisparameters nicht für Wettbewerbslosigkeit spreche. Ob man allerdings generell die Aussage, daß sich der Wettbewerb im Gegensatz zu früheren (etwa den fünfziger) Jahren intensiviert (verringert) habe, wissenschaftlich beweisen könne, sei wegen der unzureichenden Informationen und begrifflichen Unterschiede sehr fraglich. Auch die tendenziell abnehmende Gewinnmarge könne weder als positives noch negatives Indiz gewertet werden (Monopolpreistheorie versus Effizienz- und Rentabilitätslücke der Großen gegenüber den Kleinen). Die verengte Sicht auf den Preiswettbewerb allein sei im übrigen zu einseitig. Die anderen Absatzparameter wie Produktgestaltung, -qualität, -service etc. spielten heute – wie durch umfangreiche Befragungen von Verbrauchern, Händlern und anderen Marktteilnehmern belegt sei – eine zum Teil sogar übergeordnete Rolle.

Ferner kämen – und abgesehen davon, daß sich auch große Konzerne einen lebhaften Wettbewerb lieferten – die Investitionsentscheidungen innerhalb der Großunternehmen dezentral zustande.

Andererseits wurde konzediert, daß es Schwierigkeiten hinsichtlich der dauerhaften optimalen Auslastung der Kapazitäten bei kapitalintensiver Produktion homogener Massengüter gebe, ohne hierfür das Lösungskonzept der Investitionslenkung akzeptieren zu wollen (zumal hier bereits erhebliche Abgrenzungsschwierigkeiten auftreten müßten).

Selbst bei unterstellter Teilkonzentration mit unzureichender Marktsteuerung gäbe es zudem entscheidende Unterschiede bezüglich der daraus zu ziehenden Schlußfolgerungen. Die Notwendigkeit des Ansatzes neuer Instrumente mit zudem ungewisser Wirkung und Weiterung sei nicht zwangsläufig. Für erfolgreicher halte man eine Reaktivierung des Wettbewerbs z. B. durch verbesserte Mißbrauchsaufsicht, Fusionskontrolle etc. Erheblich größeres und aktuelleres Gewicht als die in den concentration ratios zum Ausdruck kommende angebliche Wettbewerbsverzerrung habe die Wettbewerbsverfälschung durch fortschreitende Inflation. Diese Entwicklung führe auch dazu, daß in vielen Fällen trotz unzureichender Nachfrage keine offenbar adäquaten Preissenkungen für die entsprechenden Produkte (z. B. in der Automobilindustrie) zustande kämen. Denn abgesehen von der hier ebenfalls kostenbestimmt reagierenden Angebotskurve sei eine Aufspaltung in inflations- und oligopolinduziertes Preisverhalten praktisch nicht durchführbar.

Der erste Punkt des mehr *pragmatischen Begründungskatalogs,* nämlich Korrektiv für die zunehmenden wirtschaftlichen Fehlentwicklungen zu sein und damit das Defizit an adäquaten, weiterentwickelten staatlichen Steuerungsmaßnahmen zu dekken, um *zur „Stabilisierung eines grundsätzlich als reformfähig angesehenen Ordungssystems beizutra-*

gen" (Henschel), oder *„den Markt durch Planung im Sinne einer sozialen Stabilisierung durch gelenkten Wandel zu ergänzen"* (Meißner), wurde von einigen Diskussionsrednern gerade in entgegengesetzter Richtung interpretiert. Sie stellten die Frage, ob vielleicht vieles deshalb nicht funktioniere, weil bereits ein hoher Grad von Eingriffen in die Wirtschaft bestehe. Dieses Zuviel an Eingriffen sei möglicherweise die Ursache von Konzentrationsvorgängen, von sehr ungleichen Konjunkturzyklen und ähnlichem. Wenn dem so wäre, solle man aber doch prüfen, ob nicht ein Abbau der jetzigen Instrumentarien im Sinne einer sich selbst besser regelnden Wirtschaft (etwa nach Art des Friedmanschen Ansatzes) sinnvoller sei. Vieles deute nämlich darauf hin, daß die beobachteten Fehlentwicklungen nichts anderes als Folgen einer Übersteuerungskrise, eines Zuviel an staatlichem Interventionismus sei. Eine ursachenadäquate Therapie habe hier anzusetzen.

Dem wurde zum Teil folgendermaßen zugestimmt: es komme nicht darauf an, mehr in die Wirtschaft hineinzuregieren, mehr an Masse zu steuern; bei gezielterem, selektiverem Einsatz sowie bei besserer Information über den Wirkungsgrad der einzelnen Maßnahmen könne man sich durchaus auch ihre absolute Verringerung vorstellen. Es komme hierbei aber immer darauf an, daß z. B. die Auswirkungen von Anpassungskrisen auf die Menschen minimiert würden. Mit einer so verstandenen Minimierung lasse sich auch die das Positive unseres Ordnungssystems auszeichnende Flexibilität stärken. Eine frühzeitige Weichenstellung zur Meisterung von sogenannten Anpassungskrisen sei hierbei notwendig.

Konkret war damit auch das Postulat nach *Regionalisierung und Sektoralisierung der Konjunktursteuerung* angesprochen. Die zunehmende Differenzierung der konjunkturellen Entwicklung liege darin begründet, daß in der „Wohlstandsgesellschaft" nur 50 bis 60 Prozent des verfügbaren Einkommens für die Deckung des fixen Grundbedarfs des einzelnen notwendig seien. Die übrigen Anteile stünden für die Befriedigung des diskretionären Bedarfs zur Verfügung. Dieser aber sei aufschiebbar (z. B. Automobilerwerb), was zur Konsequenz habe, daß es einigen Wirtschaftszweigen glänzend gehe und anderen weniger gut – zumal sich die Verhaltensweise der Konsumenten (z. B. auch durch Rückstufung der Nachfrage auf Güter geringerer Qualität) nicht vorhersehen lasse.

Ein Versagen der Globalsteuerung könne nicht festgestellt werden. Vielmehr habe man die Instrumente falsch eingesetzt, so daß daraus Strukturprobleme erwüchsen, woran auch die Gewerkschaften durch eine in gewissen Zeiten falsch betriebene Einkommenspolitik (Stichwort: aggressive Lohnpolitik) nicht ganz unbeteiligt gewesen seien. Die Instrumente der Globalsteuerung seien unkoordiniert, zum falschen Zeitpunkt, unrichtig und schlecht dosiert eingesetzt worden. Bei konsequentem, richtigem und zeitgerechtem Einsatz wären möglicherweise die Ergebnisse besser ausgefallen.

Dem wurde entgegengehalten, daß wir heute vermutlich zuviel an Globalsteuerung hätten. Dies dürfe aber nicht „weg von der Globalsteuerung" bedeuten, sondern erfordere ihre gezielte Ergänzung. Denn so, wie sie heute eingesetzt werde und vor allem dort, wo mit ihr Wirkungen bekämpft würden, die nicht auf Nachfrageerhöhung beruhten, führe sie zu Übersteuerungskrisen. Andererseits, wenn die Globalsteuerung im vergangenen Jahr nur gedämpft eingesetzt worden wäre, hätte sie sicherlich nicht die erwünschte Wirkung in Richtung Stabilität gehabt. Möglicherweise wäre dann jedoch eine günstigere Entwicklung auf dem Arbeitsmarkt eingetreten. Die Chance, mehr Preisstabilität mit mehr Vollbeschäftigung zu kombinieren, biete sich, wenn man das Instrumentarium selektiver einsetze, als man es bisher getan habe. Dies bedeute allerdings eine Abkehr von einer ideologisierten Nur-Globalsteuerung.

Diesem Konzept der „Globalsteuerung mit selektiver Feinsteuerung“ wurde von anderer Seite deutlich Skepsis entgegengebracht. Das Phänomen der gespaltenen Konjunktur sei tatsächlich das Ergebnis einer nicht gelungenen Stabilitätspolitik. Dadurch seien die erforderlichen und sich sonst in kleinen Schritten organisch abwickelnden Strukturveränderungen zurückgestaut worden. Diese „Unterlassungssünde“ werde in Zeiten wirksamer Gegensteuerung durch die Bundesbank sichtbar, sei aber das Resultat einer Fehlsteuerung der Politik. Im übrigen sei es sehr die Frage, ob die instrumentale Kapazität unserer Konjunktur- und Strukturpolitik wirklich so groß sei, ob die politischen Implikationen der Konjunktur- und Strukturpolitik trotz mathematischer Orientierungs- und Koordinationshilfen, sowie der im föderalen Aufbau der Bundesrepublik liegende politische Aspekt, die Koordination staatlicher Maßnahmen überhaupt möglich mache. Es sei kein voreiliger Defätismus, wenn man hier an den alten Traum aller Ökonomen nach einer „Wirtschaftspolitik aus einem Guß“ erinnere.

Die staatlichen Planungspannen (siehe das Konzept der mittelfristigen Finanzplanung) ermunterten zu allem anderen als zu weiteren Experimenten mit neuen Instrumenten. Bevor man daher damit liebäugele, sich in sehr viel schwierigere und anspruchsvollere Planungen zu begeben, solle der Staat erst einmal seine Finanzplanung in Ordnung bringen und praktikabel machen. Im Gegensatz zu den in die Wirtschaft hineinzielenden Planungsintentionen sei dies auch insofern einfacher, weil im Staatssektor nach bestimmten „Prioritäten“ prozediert werden könne. Insoweit sei zunächst einmal das weniger anspruchsvolle Instrument Finanzplanung testreif zu machen. Hier liege ein vernünftiger Ansatz im zudem ureigensten öffentlichen Bereich.

Dieser Notwendigkeit wurde zugestimmt. Hinzuzutreten habe dann allerdings eine Koordinierung mit der Notenbank. Denn deren Zinspolitik müsse in die Finanzplanung hineinpassen. Hier dürfe man sich nicht gegenseitig konterkarieren.

Damit war ein Teil der rein pragmatischen Begründung für die Investitionslenkung angesprochen. Er wurde durch die Forderung nach *Verbesserung (Koordinierung) des prozeßpolitischen Instrumentariums, der Optimierung der volkswirtschaftlichen Funktions- und Lenkungsziele* ergänzt. Weitgehende Gemeinsamkeit bestand zwischen Referenten und Auditorium darin, daß es sich bei dem in der Bundesrepublik Deutschland existierenden Ordnungssystem nicht um den Idealtypus einer interventionsfreien Marktwirtschaft à la Adam Smith handele, sondern man sich bereits in einem abgewandelten, sozial eingebundenen und staatlicherseits aktiv mitgestalteten System marktwirtschaftlichen Grundtypus' befinde. Die in ihm verwirklichte Kardinalkonzeption sei: soviel Freiheit wie möglich, soviel Bindung wie nötig. Insoweit komme man in diesem realtypischen System nicht ohne ein gewisses Maß an „Investitionslenkung" aus. Denn wenn man heute mehr Umweltschutzgesetze erlasse, lenke man staatlicherseits mehr Investitionen in den Umweltschutz. Dies sei indessen kein Freibrief für indirekte Investitionslenkung, die sich sehr wohl zu beschränken habe.

Tatsächlich entzündeten sich die Unlustgefühle der Bürger zunehmend an der Unüberschaubarkeit bürokratischer Steuerungsprozesse. Außerdem bestehe die Gefahr, daß sich mit weiteren bürokratischen Eingriffen die Ineffizienz staatlicher Steuerungsprozesse potenziere. Im übrigen erinnere vieles der derzeitigen Diskussion um die Investitionslenkung an die vor rund 12 Jahren um die Idee der französischen Planification geführte und die Versuche, sie in Deutschland einzuführen.

Unbeschadet der Anwendung ökonometrischer Modelle wäre tatsächlich schon viel erreicht, wenn es gelänge, wenigstens innerhalb der Ressorts und zwischen ihnen, zwischen Bund und Ländern, Ländern und Gemeinden eine abgestimmte Politik zu treiben, und zwar in Hinblick auf Struktur, Konjunktur, regionale und sektorale Politik. Wenn dabei ökonometrische Modelle hilfreich sein können, sollten sie eingesetzt werden. Ein Allheilmittel seien sie jedoch sicherlich nicht. Angesichts der Tatsache, daß es noch nicht einmal im Bereich der Wirtschaftspolitik gelungen sei, sich vernünftig abzustimmen, sei der Mut der Protagonisten der direkten Investitionslenkung zu bewundern.

Eine optimale Wirtschaftsstruktur sei ohnehin nur durch Simultanplanung zu gewährleisten, welche die Koordinierung ihrer verschiedenen Träger zur Voraussetzung habe. Erfüllbare Vorbedingung sei hier eine Einigung auf gemeinsame Rahmenbedingungen und Ziele. Hinsichtlich der behaupteten Zielkonformität der gesellschaftlichen Gruppen wurden gewisse Zweifel angemeldet. Abgesehen von der Schwierigkeit, gesellschaftspolitische Ziele zu quantifizieren, lägen sie notwendigerweise nicht unerheblich auseinander. Außerdem sei die Frage der Zielprioritäten zu lösen.

Bisher bezog sich der diskutierte Begründungskatalog mehr oder weniger darauf, die Investitionslenkung als Korrektiv tatsächlicher oder vermeintlicher Fehlentwicklungen zu fordern. Die Frage, ob es daneben auch einen *positiven Begründungsansatz* für sie gebe, ob durch sie der „Suchprozeß" auch in einer fortgeschrittenen Wirtschaft verbessert werde, konnte nicht beantwortet werden.

Die Befürworter brachten auch hier wieder den negativ bestimmten Begründungskatalog ins Spiel. (Vermeidung von Kapazitätsschwankungen, verbesserte

Abstimmung von Bedarf und Angebot privater und öffentlicher Güter.) Man hoffe allerdings, mit diesem Instrumentarium der Abstimmung der Einzelplanungen auch einen Teil der Planungsungewißheit – nicht zuletzt im Wege einer Koordinierung mit den staatlichen Prioritäten – zu vermeiden. Darauf laufe wohl auch das von Ernst Wolf Mommsen aufgestellte Postulat nach einem „industriellen Gesamtkonzept des Staates“ hinaus. In diesem Zusammenhang erfolgte der Hinweis auf die mit der Veröffentlichung von Hirschman schon vor Jahren geführte Diskussion über das Konzept des „balanced or unbalanced growth“ in Entwicklungsländern. Es wurde bezweifelt, ob gerade auch für entwickelte Volkswirtschaften angesichts des hier hohen notwendigen Grades an Anpassungsflexibilität eine „Gesamtplanung“ (à la balanced-growth-Konzept) machbar sei, oder ob nicht gerade hier dezentral geplante Investitionen per Saldo weniger Verlust brächten und mithin effizienter seien.

II. Voraussetzungen, Organisation und Arten der Investitionslenkung

Erhebliche Zweifel wurden an der Praktikabilität einer (als Teil eines kompatiblen Gesamtkonzepts verstandenen und auf die gesellschaftlichen Bedürfnisse abgestimmten) *Bedarfsrangskala* angemeldet. Sie verwechsele zudem augenscheinlich die in die anthropologische Kategorie fallenden mehr oder weniger fixen Bedürfnisse mit den in die ökonomische Kategorie gehörenden höchst veränderlichen Bedarfswünschen. Hier aber liege die Schwierigkeit in der Komplexität und Mehrdimensionalität sowie der ausreichenden Berücksichtigung der Variablen – mithin einer entsprechenden Disaggregation der Verwendungsseite des Bruttosozialprodukts. Die negativen Erfahrungen, die man mit rund 30 Modernisierungskommissionen in Frankreich und den in ihnen tätigen rund 4.000 Technokraten gemacht habe, seien hierfür ein warnendes Beispiel. Angesichts solcher Schwächen, zu denen sich überdies noch die Schwierigkeit einer zutreffenden Berücksichtigung der in den nächsten 5 bis 10 Jahren gegebenen technisch-wissenschaftlichen Dimensionen geselle, dennoch entsprechend disaggregierte Zielfunktionen glauben aufbauen zu können, hieße, das öffentliche Vertrauen in hohem Maße aufs Spiel setzen.

Zu den Fragen der *Formen und Institutionen der Investitionslenkung* und ihrer Bewertung erklärten auch und gerade ihre Befürworter, daß zwar formal eine Unterscheidung zwischen *indirekter* und *direkter Investitionslenkung* getroffen werden könne, diese aber nicht sehr relevant sei. Denn auch bei konsequentem Einsatz der indirekten Investitionslenkung sei dazu bereits eine Groborientierung oder Rahmenplanung notwendige Voraussetzung. Erforderlich seien staatliche Eingriffe in die Angebotsseite, eine öffentliche Einflußnahme auf private Investitionsentscheidungen und damit eine gewisse Modifizierung von Verfügungsrechten. Eine bloße Erhöhung der Staatsquote am Bruttosozialprodukt reiche nicht aus. Dies sei seinerzeit der konzeptionelle Mangel des ersten Orientierungsrahmens der Sozialdemokratischen Partei Deutschland (SPD) gewesen. Der zweite Entwurf des in der Diskussion befindlichen Orientierungsrahmens habe die Verlagerung des Eingriffsansatzes von der Nachfrageseite auf die Angebotsseite im wesentlichen vollzogen[1]). Wichtig sei, so auch Rudolf Henschel, die Zieladäquanz, das Gesamtkonzept, und weniger die dafür verwendeten Instrumente. Es gehe um eine Ergänzung der Globalsteuerung durch selektive Feinsteuerung und die Entwicklung neuer Orientierungshilfen.

Demgegenüber wurden Bedenken geäußert, daß unabhängig von der Marktkonformität der gewählten Maßnahmen auch im Falle indirekter Investitionslenkung die Frage der Dosierung das zentrale Problem sei und damit Quantität in Qualität umschlagen könne.

Rudolf Henschel wies auch darauf hin, daß mit dem vorgeschlagenen *Investitionsmeldeverfahren* zunächst lediglich eine Verbesserung der Statistik gemeint sei. Wie man danach die gewonnenen Ergebnisse umsetze, sei noch eine offene und diskutierfähige Frage, die aber insbesondere in den hochkonzentrierten Bereichen mit immer wieder auftretenden Überkapazitäten zu Lösungen führen müsse. Auch sei fraglich, ob sich hier ein *Wirtschafts- und Sozialrat* seligen Angedenkens als Lösungshelfer anbiete. Doch brauche man ganz gewiß Institutionen neuer Art, da die bestehenden und in der Vergangenheit entwickelten demokratisch-parlamentarischen Abstimmungsverfahren nicht ausreichten, die Befriedigung der Be-

---

[1]) Siehe hierzu die entsprechenden Auszüge im dokumentarischen Anhang auf Seite 218 ff.

dürfnisse einer hochentwickelten Industriegesellschaft zu gewährleisten. Entscheidend sei, daß man frei von ideologischen Vorurteilen zu Formeln komme, die eine bessere Abstimmung als die gegenwärtige gewährleisteten.

III. Probleme und Konsequenzen der Investitionslenkung

Bei der Diskussion der technisch-ökonomischen sowie wirtschafts- und gesellschaftspolitischen Probleme und Konsequenzen ging es um: die Schwierigkeit der Informationsbeschaffung, die Praktikabilität der Investitionslenkung und -kontrolle, die Gefahr von Interessenkollisionen, eine Ausuferung des staatlichen Interventionismus. Vor einer Bevormundung von Minderheiten und Einschränkung individueller Freiheitsräume, vor einem möglicherweise hinter dem Konzept stehenden „Leitbild einer gestaltenden Entwicklung" und dem Risiko des Abgleitens in die politische Diktatur wurde gewarnt.

Zunächst gab es erhebliche Zweifel, *ob* überhaupt die *Informationsvoraussetzungen* für eine selektive Feinsteuerung *gegeben* seien. Man wisse ja nicht einmal, wohin oder wo heute investiert werde, man kenne nur das Volumen, jedoch weniger dessen sektorale Aufteilung. Um wieviel schwieriger sei es dann aber, Schlüsse für die Zukunft ziehen zu wollen. Angesichts des gegenwärtigen Informationsstandes mute dies geradezu illusionär an. Die mangelnde Voraussehbarkeit wurde selbst am Beispiel der als relativ überschaubar geltenden Sektoren für homogene Massengüter exemplifiziert. Dies gelte sowohl für die Aluminium- als auch für die Stahlindustrie, obwohl für letztere sogar eine auf der Ebene der Montanunion hergestellte Transparenz der Investitionen bestehe. Ähnlich wie in der Aluminiumindustrie seien auch im Bereich der Stahlindustrie mit die größten Preisschwankungen zu beobachten gewesen. Bekanntlich sei erstere vor zehn Jahren der Favorit in der Industrieansiedlung gewesen, fünf Jahre später habe niemand mehr etwas von ihr wissen wollen, danach habe sich der Aluminiummarkt wiederum zu einem Verkäufermarkt gewandelt. Dies nicht etwa, weil Überinvestitionen oder starke Schwankungen bei den Investitionen stattfanden, sondern weil es erhebliche Nachfrageschwankungen gegeben habe. Ähnliche Beobachtungen habe man in der Werft- und neuerdings auch in der Automobilindustrie machen können. Daher sei es in der Tat fraglich, ob diese mangelnde Vorausschaubarkeit wirklich nur ein Problem der Markttransparenz oder der Investitionsmeldungen sei. Angesichts dessen müsse man sich die Frage stellen, ob bei diesen Unzulänglichkeiten ein Gremium noch so sachverständiger Art, das überbetrieblich bzw. staatlich etabliert sei, auch nur einigermaßen zuverlässig in die Zukunft blicken könne. Zu befürchten sei vielmehr, daß die überbetrieblichen Instanzen nicht mehr, sondern weniger Einsicht hätten und überdies nicht so flexibel wie die betrieblichen Instanzen reagieren könnten. Dies berge die Gefahr, daß Fehleinschätzungen in bestimmte Richtungen potenziert würden und sich die Flexibilität der Wirtschaft insgesamt verringerte. Eine entsprechende Planungskonzeption müsse daher schon an der nicht oder unzureichend gelösten Informationsvorstufe scheitern.

Diese Diagnose über den Mangel an geeigneten statistischen Informationen wurde von den Referenten, die zu den Befürwortern der Investitionslenkung gehörten, im wesentlichen geteilt. Die Datenlage sei in der Tat aufzufüllen oder generell anders zu gewichten. Die Forderungen der IG Metall nach Investitionsstatistiken bzw. einer Investitionsmeldepflicht würden genau hier ansetzen. Dazu wurde eingewandt, daß dann allerdings mehr Daten, als jemals und zuverlässig genug von der Unternehmensseite her verfügbar gemacht werden könnten, nötig seien. Erforderlich wären dann nämlich auch Informationen beispielsweise über die Produktionsstruktur, über den Güterbedarf, über die Beanspruchung der Produktionsfaktoren durch die Güter und anderes mehr. Dies seien Angaben, die zum Teil aus Kostengründen nicht ermittelt würden, die zum Teil überhaupt noch nicht diskutiert worden seien. Darauf folgte der Gegeneinwand, man könne sich trotz schwieriger Datenlage nicht vorstellen, daß in den zentralen Behörden ein qualitativ schlechteres Planungsniveau als in Großunternehmen anzutreffen sei. Schließlich würden die Ausbildungsvoraussetzungen hierzu von den gleichen Institutionen vermittelt. Im übrigen gebe es eine Reihe von Daten, die bereits erhoben würden, und die man nur zu nehmen brauchte, um zu Lösungen zu kommen. Andererseits gehe es nicht darum, die richtigen Kapazitäten der Zukunft statistisch genau zu erfassen, zumal in einer weltweit verflochtenen Wirtschaft wie der unseren die Binnennachfrage nicht allein entscheidend sei, sondern man stark von der Weltnachfrage abhinge. Der Begriff „Überinvestitionen“ sei insoweit keine nationale Kategorie und gebe nicht viel her. Zu überlegen sei indessen, und das könne man sehr wohl, welche Branche in den nächsten Jahren von Anpassungskrisen stärker gefährdet würde als andere. Dies müsse man zumindest in der Regionalpolitik bei der Ansiedlung neuer Unternehmen berücksichtigen. Das Angebot an statistischen Daten sei im übrigen ganz eindeutig durch die entsprechende Nachfrage bestimmt. In der Regionalstatistik beispielsweise habe man ganz einfach durch entsprechende Anwendung die Bereitstellung von statistischen Daten hervorgelockt. Die Produktion von Statistiken sei dadurch befruchtet worden, daß man seitens der Wissenschaft hier gewisse Aussichten auf bessere politische Leistungen gemacht habe. Insoweit hätten die Politiker und Leute in der Exekutive gelernt, daß man mit den entsprechenden Daten etwas anfangen könne. Entscheidend sei indessen eine Koordinierung der verschiedenen großen Institutionen.

Dieser Ansicht wurde insoweit widersprochen, als bei einigermaßen befriedigender Information das zur Debatte stehende Konzept eine ungeheure, bisher ungekannte Fülle an Statistiken voraussetze. Dazu würden z. B. auch Geldstromanalysen, die Erfassung des internationalen Kapitalverkehrs und dergleichen gehören. Dies erfordere entsprechende gesetzliche Grundlagen und müsse aus der Sicht der Unternehmen weitere unproduktive Belastungen, wie sie notwendigerweise mit dem Ausfüllen der entsprechenden Fragebogen verbunden seien, mit sich bringen. Die Menge der nachgefragten Antworten führe einfach zwangsläufig dahin, daß die Antworten immer oberflächlicher gegeben würden und es schließlich zur statistischen Verweigerung komme. Hinzu träten überdies die erheblichen Schwierigkeiten mit der Wirkungsanalyse. Uns sei heute allenfalls die Wirkungsrichtung gewisser Maßnahmen bekannt. Ob sich dies innerhalb der nächsten Jahrzehnte verbessern lasse, sei sehr fraglich, jedenfalls nicht sicher. Dies heiße, man verabfolge Tabletten, von denen man nicht wisse, wie sie wirken. Diese Unsicherheit der Wirkungsanalyse sei es im wesentlichen, die uns notwendigerweise auf die ex-post-Politik ausweichen lasse. Tatsächlich sei man immer erst im nachhinein klüger. Insoweit könne man mit der Investitionslenkung allenfalls marginal steuernd oder korrigierend eingreifen. Dieses Instrument könne aber nicht überfordert und dort eingesetzt werden, wo es gar nicht funktioniere oder mehr schlecht als gut arbeite. Die Konsequenz daraus müsse eher weniger Investitionslenkung und dafür mehr ex-post-Politik (in Sonderheit hinsichtlich möglicher sozialer Folgen von Überinvestitionen etc.) heißen. Dies sei letztlich die einzig adäquate Politik, um die bedauerlichen Auswirkungen von Fehlentwicklungen abzufangen und zu verteilen.

Dem wurde entgegengehalten, daß keine oder schlechte Wirkungsanalysen nicht zum Alibi für Maßnahmenabstinenz führen dürften und auch die geforderten ex-post-Maßnahmen, die sich im übrigen gern auf reine Symptomkuren beschränkten, immer auch eine ex-ante-Wirkung aufwiesen.

Im Kern konzentriere sich doch alles darauf, ob der investierende einzelne oder eine investierende Gruppe über eine höhere Informations- und Planungskompetenz verfüge. Sei denn die Gewähr dafür gegeben, daß durch die Verlagerung der Investitionsentscheidung auf eine Gruppe oder ein Investitionsamt insgesamt eine höhere Güte der Investitionen erreicht werde? Werde dadurch die Summe der Fehlinvestitionen minimiert oder sei nicht etwa im Gegenteil ihre Potenzierung zu befürchten? Man bezweifelte, ob die „Teleskopie" des Staates größer sei als das, was die durchschnittliche gesellschaftliche Intelligenz in dieser Beziehung zur Verfügung stelle. Auch wenn, mißtrauensbedingt, an die Stelle der Staatsbürokratie ein gesellschaftlicher Planungsprozeß trete, sei es doch zu bezweifeln, ob die Fähigkeit solcherart breit angelegter Planungsorganisationen größer sein könne als die in der durchschnittlichen Intelligenz einer Industriegesellschaft vorhandenen und genutzten Fähigkeiten. Selbst in den östlichen Planwirtschaften mit ihrer systembedingt hohen Informationstransparenz zeichneten sich die fünf- oder siebenjährigen Perspektivpläne immer wieder durch erhebliche Schätzungsfehler aus. Also selbst in einem Land, von dem man meinen sollte, daß die zentralen Planer alles, was überhaupt an Informationen verfügbar ist, kennen, werde man mit der Zukunftsgestaltung in dieser Form nicht fertig. Daran gemessen, und wenn man dieses Schätzungsrisiko auf Volkswirtschaften westlicher Prägung projiziere, könne man eigentlich nur zu dem resignierenden Ergebnis kommen, daß zwangsläufig Versuche mit diesem Instrumentarium zu sehr viel größeren Pannen führen müssen. Insofern werde die Vermutung nahezu zur Gewißheit, daß man mehr verliere als gewinne. Dies liege vermutlich und nicht zuletzt in einer mit

Sicherheit eintretenden Informationslethargie begründet. Sie komme deshalb zustande, weil die einzelnen Teilnehmer des jeweiligen Gremiums davon ausgehen würden, sich auf die koordinierenden Maßnahmen stärker verlassen zu können. Da er nicht gefordert und prämiiert werde, müsse der Fortschritt darunter zwangsläufig leiden. Als Konsequenz dieses Planungsinstruments führe dies zu einer Verhärtung der Strukturen und damit zu dem Ergebnis, daß eben das Ganze weniger als die Summe der Teile sei.

Entsprechend kontrovers wurde auch die Behauptung von der *Zielkonformität der Individuen und gesellschaftlichen Gruppen* diskutiert. Während man nuancierte Beurteilungen der quantitativen Vorgaben als tolerabel konzedierte, konnte man sich andererseits systembedingte Unterschiede im Hinblick auf die Ziele (z. B. des magischen Vierecks) nicht vorstellen. Dem wurde allerdings mit Hinweis auf die nahezu als „Recht auf Arbeit“ ausgesprochene Priorität der Vollbeschäftigung im Orientierungsrahmen '85 der SPD ausdrücklich widersprochen. Im übrigen existierten doch natürliche Unterschiede sowohl der Leistungsfähigkeit wie der Ausgangsposition und damit von Natur her divergierende Interessen. Außerdem seien die Interessendivergenzen so konkret, daß es nicht genüge, sich auf übergeordnete Ziele zu einigen. Denn dann drohe tatsächlich die Leerformel. Wenn der staatliche Raum auch nicht ausschließlich Interessen widerspiegele, so sei er deswegen nicht interessenfrei. Angesichts dieser Interessendivergenzen könne man die Schwierigkeiten des Koordinierungspostulats ermessen. Dies gelte auch, wenn man mit ökonometrischen Modellen arbeite. Dann seien nämlich entsprechende Produktions-, Investitions-, Verbrauchs- und sonstige Funktionen nicht nur analytisch, sondern vor allem prognostisch einzustellen, um als geeignete Entscheidungsträger dienen zu können.

Auch wenn z. B. formal über die im Stabilitätsgesetz genannten vier gesamtwirtschaftlichen Ziele Einigkeit bestehe, werde es erst dann schwierig, wenn sie mit konkretem Inhalt gefüllt werden sollen. Bekanntlich habe das Wirtschaftsministerium in den ersten Jahren versucht, das gesamtwirtschaftliche Gleichgewicht im Sinne der vier gesamtwirtschaftlichen Ziele zu quantifizieren. Die damals gewählten Werte seien aus heutiger Sicht aber bereits utopisch. Daran zeige sich, welcher Grad an Anpassungsfähigkeit auch in der Zielformulierung verlangt werden müsse. Auch Revisionsklauseln böten hier keinen befriedigenden Ausweg. Wenn nämlich der Veränderlichkeit der Materie sicherlich eher gerechte, kurze Revisionsintervalle von etwa einem Jahr und weniger angesetzt würden, widerspräche dies dem Grundgedanken des Systems der Investitionslenkung: den Prozeß zu verstetigen.

So dürfte die Investitionslenkung kaum als adäquate Soziotechnik zur Entwicklung der Arbeitsteilung einer modernen Volkswirtschaft anzusehen sein. Gerade in hoch- und höchstentwickelten Volkswirtschaften mit ihrer starken Interdependenz der Planungsentscheidungen, mit ihren Tausenden oder Zehntausenden von Vorlieferern, Zwischenlieferanten usw. sei die Fehlallokationsgefahr sehr viel größer als bei sich in der Entwicklungsphase befindlichen Ökonomien.

Von kardinaler Bedeutung sei schließlich die Frage, was bei Divergenz von Bedarf und Angebot geschehe, d. h. wenn die Wünsche der Verbraucher mit denen der Investoren bzw. Investitionsverantwortlichen nicht korrespondierten? Hier biete sich nur eine Alternative an: Entweder verzichte man auf die Investitionsplanung und reaktiviere die private, einzelwirtschaftliche Investitionsentscheidung, oder man übe Pressionen aus. Das aber bedeute eine Vergewaltigung der Nachfragewünsche in Richtung auf imperative Investitionslenkung. Tatsächlich löse die lediglich angebotsorientierte Bündelung der Investitionen das Problem der Nachfrage und ihrer Veränderungen keineswegs. Um einigermaßen ausgleichend zu wirken, d. h. Engpässe auf der einen Seite und Mehrproduktion auf der anderen Seite zu vermeiden, müsse im Grunde die staatliche Planung immer hinterherhinken. Im derzeitigen System würde nämlich selbst bei konzentrierter Angebotsstruktur wenigstens das Ausgleichsproblem einzelwirtschaftlich gelöst, wenn auch nicht das Verteilungsproblem.

Von den Befürwortern wurde auch konzediert, daß man natürlich keine einfachen Antworten geben könne. Dies zeige auch ein Blick über die Grenzen. So klappe die deutsche Nichtintervention ganz gut, die französische Intervention weise aber ihre Erfolge ebenso auf wie die japanische Intervention, während die italienische Intervention manchmal, zumeist aber nicht reüssiere. In diesem Zusammenhang wurde darauf aufmerksam gemacht, daß die Zukunft eine

Resultante unseres heutigen Handelns sei. Insoweit sei doch eine gewisse Abstimmungsnotwendigkeit zwischen den Erfordernissen der Supra- und Infrastruktur gegeben, wie diese sich auch im Falle Hansaport zwischen der Salzgitter AG und der Hansestadt Hamburg bewährt habe. Andernfalls wäre die Abstimmung mit der Suprastruktur und den komplementären Investitionen im privatwirtschaftlichen Bereich, aber auch im kommunalen Bereich sicherlich nicht in dieser Weise vollzogen worden oder aber ex post erst wesentlich später durch reaktive Anpassung. Ein anderes Beispiel für mögliche Vorteile einer systemadäquat ausgestatteten Investitionskoordinierung sei die kooperative Information innerhalb der Montanunion. Alle Stahl- und Hüttenwerke meldeten ihre geplanten Investitionen an ein zentrales Amt, und dieses zentrale Amt stelle seinerseits die Informationen über die zu schaffenden neuen Kapazitäten den einzelnen Stahlwerken zur Verfügung. Dadurch finde ebenfalls qua Information bereits ein mögliche Kapazitäten begrenzender oder beeinflussender und damit Investitionsentscheidungen koordinierender Prozeß statt. Replik: Dies, nämlich eine ad-hoc-Koordinierung im Einzelfall, eine Einzelkooperation auf iterativem Wege, sei auch nicht das Problem, sondern im Gegenteil im Sinne eines organischen Wachstums durchaus zu befürworten. Im übrigen bliebe ja auch hier die private Initiative immer in der Prärogative, erst dann werde mit der Kommune oder der entsprechenden Körperschaft abgestimmt. Viel schwieriger gestalte sich dies im Rahmen eines kompatiblen Gesamtkonzepts, in welchem in einer bestimmten Region soundsoviele Projekte aufeinander abgestimmt werden müßten.

Hier nun stelle sich die Frage, was mit neuen, Zugang heischenden Investoren geschehe? Wie behandele man diese, nach welchen Kriterien? Was geschehe andererseits mit den möglichen Submarginalen, die normalerweise wieder auszuscheiden hätten? Im Grunde sei also hier die Frage nach der Dynamik, nach der Entwicklungschance, nach der Systemdurchlässigkeit gestellt. Denn es könne doch nicht sein, daß eine einmal bestätigte Investitionsentscheidung ein Freibrief auf Dauer sei. Dies berühre sich im übrigen mit dem Problem der Risikoträgerschaft, für die bisher die investierenden Unternehmen zuständig waren.

Der im System einer Investitionslenkung quasi automatisch angelegten *Ausuferung des staatlichen Interventionismus* galten sehr viele Diskussionsbeiträge. Dies hänge zunächst einmal vom Grad der Verbindlichkeit der Zielabstimmung ab. Sei er vergleichsweise hoch, so hätte dies zur Konsequenz, daß gewisse derzeitig bestehende Autonomiebereiche an einigen Stellen beschnitten würden. Dies träfe für die Autonomiebereiche der Unternehmer wie auch der Gewerkschaften in gleicher Weise zu. Denn unter gewissen Umständen müßten auch die Gewerkschaften bei der Zielabstimmung kompromißfreudiger sein und damit von ihrer Tarifautonomie stückweise abrücken. Außerdem stelle sich die Alternative des beim Mißlingen möglichen Weges zurück zu marktwirtschaftlicheren Lösungen nicht mehr. Damit spiele man ein gefährliches Spiel, denn das Konzept entwickele eine Eigendynamik, eine Motorik, die die ursprünglich gute Idee einer Koordinierung nun durch Zielüberforderung zu einer perfektionistischen

Gesamtkonzeption mit den sich kumulierenden Interventionismen hintreiben lasse.

Diese verhängnisvolle Drift in einen Planungsperfektionismus sei zwangläufig auch bereits in dem Koordinierungspostulat aus Optimierungsmotiven angelegt. Daher solle man selbst von diesen prima facie weniger ehrgeizig anmutenden Zielvorstellungen Abstand nehmen und eher stärker auf die selbststeuernden Marktkräfte zurückgreifen. Denn Tatsache sei, daß durch das Überstülpen der Glasglocke staatlichen Krisenmanagements zunehmend die Fähigkeit der Marktwirtschaft beseitigt werde, Fehlentwicklungen zu einem großen Teil durch Selbstkorrektur zu beseitigen. So provoziere eine (naturgemäß) ungenügend wirkende Investitionskontrolle dirigistische Folgemaßnahmen wie z. B. die Preiskontrolle. Sie ließe sich nämlich unschwer mit der notwendigen Vermeidung der bei zu kleinen Kapazitäten zustandegekommenen sogenannten Übergewinne begründen.

Ferner müsse zwangsläufig (und trotz aller subjektiven Präferenz von Werner Meißner für Grundrechte und parlamentarische Demokratie) über die Kausalkette direkte Investitionslenkung, Produktionslenkung, Arbeitskräftelenkung, Konsumlenkung die persönliche Freiheit der Arbeitsplatzwahl beeinträchtigt werden. Damit sei aber der Grundrechtskatalog tangiert.

Auch wurde die Möglichkeit bestritten, stark disaggregierte Wahrscheinlichkeitsprojektionen aufzustellen. Sie würden entweder durch die Wirklichkeit nicht bestätigt oder führten zu gesellschaftlichen Sanktionen, zur Bevormundung des Konsumenten. Dann aber müßten sich die Wahrscheinlichkeitsprognosen zu verbindlichen Zielprojektionen entwickeln. Ein Zwang zur Totalität und Perfektionierung sei in diesem Konzept angelegt. Insofern wurde auch die Frage gestellt, ob es einen Weg gebe, das „Meißnersche System" im Gleichgewicht zu erhalten oder ob am Ende nicht eine Aushöhlung des parlamentarischen Systems stehe? Gleichzeitig wurde Werner Meißner jedoch der konsequenteste Ansatz attestiert. Denn er habe die Pannenhäufigkeit auf möglichen Vorstufen in sein Gesamtkonzept bereits integriert. Lediglich im Hinblick auf das Ziel eines sich auf besser koordinierte staatliche Maßnahmen beschränkenden Optimierungsansatzes wurde dem widersprochen. Für eine so verstandene Zielkonzeption erwiesen sich die geäußerten Befürchtungen schon deshalb als Scheinproblem, weil für den privaten Bereich hier lediglich unverbindliche Richtwerte genannt würden. Insofern ergebe sich keine Einengung des Dispositionsspielraums, sondern mache man lediglich abgestimmte Angebote an die Privatwirtschaft. Diese könnten angenommen, aber ebenso auch abgelehnt werden. Auch Werner Meißner hielt den „Weg zurück" für durchaus gangbar, wobei er die Erfahrungen mit der französischen Planification und die zum Teil erfolgten eher marktwirtschaftlichen Reformen bei einigen der östlichen Zentralverwaltungswirtschaften anzog. Im übrigen setze sich sein System der interventionistischen Investitionslenkung von Systemen gesamtwirtschaftlicher Investitionslenkung à la DDR ab und halte er Investitions*gebote* im Gegensatz zu Investitions*verboten* auch für verfassungsrechtlich bedenklich. In seinem Konzept würden private Investitionen dezentral – allerdings unter Erlaubnisvorbehalt und nach den Prioritäten der gesamtwirtschaftlichen Programmierung – geplant. Vergesellschaftung der Produktionsmittel sei in seinem Konzept ebenfalls keine unverzichtbare Forderung, zumal es Länder wie Österreich oder Frankreich gebe, in denen weite Bereiche verstaatlicht seien, ohne daß dort der Sozialismus kurz vor der Tür stehe. Ein Mittel zur Durchsetzung der Ziele könne Vergesellschaftung sein, nicht aber eine unverzichtbare Forderung. Er nahm damit zu Schlußfolgerungen aus verschiedenen Papieren der Jungsozialisten Stellung, die klar erkennen ließen, daß das Modell der direkten Investitionslenkung über ein Genehmigungsverfahren bei einem Investitionskontrollamt für diese nur für eine Übergangsperiode und aus Kompromißgründen mit der Gesamtpartei als transitorische Angelegenheit akzeptiert werde. Dagegen werde als die Wunschvorstellung der Jungsozialisten letztlich doch die Investitionslenkung über die „Implementation" des vergesellschafteten Eigentums beim Kredit- und Bankensystem und schließlich auch bei den Schlüsselindustrien als das letztlich anzustrebende Ziel betrachtet.

Wie seien schließlich die Interessengegensätze aufzulösen, die auf möglicherweise unterschiedliche Vorstellungen der Planungsverantwortlichen und der Mitbestimmungsorgane in den Unternehmen zurückzuführen seien? Wäre es ein Ausweg, alle an der Produktionsplanung und damit der Investitionslenkung mitwirken zu lassen? Im Regelfalle würde die Entscheidung doch durch ein irgendwie demokratisch legitimiertes Gremium von letztlich vielleicht 150 oder 200 Leuten gefällt. Dann aber entstehe in der Tat die Gefahr der Interessenkollision bzw. der Aushöhlung der Mitbestimmungsidee. Dem wurde entgegengehalten, daß im Gegenteil für die Funktionalität einer betrieblichen Mitbestimmung die überbetriebliche Mitbestimmung und damit die Investitionslenkung deswegen unverzichtbar sei, weil nur auf diese Weise bei notwendig werdenden Betriebsstillegungen die Einsicht der Betroffenen durch eine begründete Inaussichtstellung von neuen Arbeitsplätzen herbeigeführt werde und damit auch ein partieller Schrumpfungsprozeß reibungsloser vonstatten gehe.

Unbeschadet der Meißnerschen Position, die die Verwirklichung der Wirtschaftsdemokratie fordert, aber die durch die „bürgerliche Revolution errungenen Rechte und Freiheiten" damit nicht preisgegeben wissen will, wurde in der Diskussion immer wieder das Juso-Ziel nach *Systemüberwindung,* der Beseitigung des Eigentums an den Produktionsmitteln, der Entscheidungsfreiheit der Unternehmen herausgestellt. Dieses Ziel sei mit einem Gipfel zu vergleichen. Man könne ihn auf zweierlei Arten erreichen: Mit einer Seilschaft, die Haken einschlägt und langsam aufsteigt, oder mit einem Hubschrauber, der direkt oben landet. Die Methode der Kommunisten sei der Hubschrauber; die der Jusos die Seilschaft; das Ziel sei für beide das gleiche. Entscheidend sei aber die Frage nach dem Leitbild, das hinter der Investitionsplanung stehe. Selbst wenn man von seiten ihrer Befürworter davon überzeugt sei, daß der dezentralisierte, pluralistische Suchprozeß, an dem alle gesellschaftlichen Kräfte beteiligt sind, ohnehin überlegen ist und zu besseren Entwicklungsprozessen führt als eine Planung der Angebotsstruktur, präferiere man ihn deshalb noch nicht. Es bestehe nämlich der Verdacht, daß das Mißtrauen gegenüber den pluralistischen Kräften und dem dezentralisierten Suchprozeß deshalb bei vielen Verfechtern der Investitionsplanung so groß sei, nicht weil das Ergebnis dieses dezentralisierten Suchprozesses nicht effektiv genug, sondern weil es nicht vorhersehbar, d. h. nicht offen sei. Aus diesem Grunde laufe dieser Suchprozeß unkontrolliert, unmoderiert und unreguliert ab, und das wolle man nicht. Man wolle im Gegenteil die Entwicklung unserer Zivilisation, unserer Gesellschaft „in der Hand" haben. Dies ganz im Sinne dessen, wonach die Investition eine strategische Größe bei der Entwicklung unserer Gesellschaft darstelle. Hier sei wahrscheinlich der Schlüssel nach dem Leitbild derer zu suchen, die sich so stark für die Investitionslenkung einsetzten. Der Entwicklungsprozeß solle nicht außer Kontrolle bleiben. Die dahinter stehende Philosophie offenbarten die entsprechenden Schriften von Jochen Steffen, in denen sich das Argument finde, man müsse den Prozeß der gesellschaftlichen Entwicklungen genauso eindämmen wie die Kettenreaktion im nuklearen Prozeß. Dem wurde im wesentlichen auch von Werner Meißner zugestimmt. Tatsächlich sei das die Investitionslenkung bestimmende Leitbild „soziale Stabilität durch gelenkten Wandel".

Die Investitionslenkung in der aktuellen politischen Diskussion

von Dr. Otto Vogel,
Geschäftsführer und Leiter der wirtschafts- und sozialwissenschaftlichen Abteilung des Instituts der deutschen Wirtschaft, Köln

Das Ziel dieses Beitrages ist, die wissenschaftlich geprägten Sachdarstellungen und Diskussionsergebnisse des IW-Forums über Investitionslenkung durch eine kritische Darstellung des aktuellen politischen Diskussionsstandes abzurunden. Aus dem gleichen Grund wurde auch eine Dokumentation der wichtigsten programmatischen Aussagen und Erklärungen zur Investitionslenkung als Anhang in dieses Taschenbuch aufgenommen.

Die politisch-programmatische Diskussion hat sich bisher fast ausschließlich im Bereich von SPD und DGB abgespielt. Mit dem „Zweiten Entwurf eines ökonomisch-politischen Orientierungsrahmens für die Jahre 1975–85“ der SPD liegt seit Anfang Februar 1975 ein Dokument vor, in dem die SPD ihre Position zur Investitionslenkung umrissen hat. Sie bedarf allerdings noch der endgültigen Abklärung und Bestätigung durch einen Programmparteitag, der im November in Mannheim stattfinden soll. Der DGB dagegen hat auf seinem 10. Ordentlichen Bundeskongreß in Hamburg (vom 25. bis 31. Mai 1975) bereits definitive Beschlüsse zur Investitionslenkung gefaßt. Dabei muß allerdings zum besseren Verständnis vermerkt werden, daß sowohl im Godesberger Grundsatzprogramm der SPD von 1959 als auch im Düsseldorfer DGB-Grundsatzprogramm von 1963 die Investitionslenkung schon verankert ist. Im Orientierungsrahmen und den Hamburger Beschlüssen des DGB werden insofern alte Grundsatzpositionen erneuert, fortgeschrieben und aus aktueller Sicht zu konkretisieren versucht.

Es soll an dieser Stelle nicht versucht werden, Vergleiche zwischen den früheren und den aktuellen Aussagen zu ziehen, so interessant dies in mancherlei Hinsicht auch wäre. Dieser Beitrag beschränkt sich auf die kritische Darstellung und Beurteilung der Vorstellungen des SPD-Orientierungsrahmens und des Hamburger DGB-Bundeskongresses zum Fragenkomplex der Investitionslenkung. Zuvor sollen jedoch einige wenige generelle Vorbemerkungen zur bisherigen politischen Diskussion dieses Themas gemacht werden.

I. Bemerkungen zum bisherigen Diskussionsverlauf

Wenn man die inzwischen knapp vier Jahre währende neuere Diskussion zur Investitionslenkung zurückverfolgt, lassen sich unschwer einige interessante politische Schwerpunktverlagerungen feststellen. Am auffälligsten und politisch bedeutsamsten ist zweifelsohne, daß der politische Kurswert der direkten Investitionslenkung mit systemüberwindendem Gehalt fühlbar abgenommen hat. Das bisher einzige, halbwegs ausgearbeitete Konzept, nämlich das Meißner/Wieczorek/Zinn-Modell, das eine an Kriterien des gesellschaftlichen Bedarfs orientierte Investitionslenkung durch ein staatliches Investitionskontrollamt vorsieht, verliert zunehmend an öffentlichem Interesse. Es gibt nichts auf dem breiten Feld der Investitionslenkungsdiskussion, was ein so hohes Maß an öffentlicher Reaktion und Schockeffekten ausgelöst hat als gerade dieses Modell. Es hat sicher mehr als alles andere, was zu diesem vielschichtigen Problemkomplex geschrieben wurde, die öffentliche Sachdiskussion angeregt. Allerdings gibt es wohl auch sicherlich kein aktuelles ordnungspolitisches Konzept, das politisch so unattraktiv, so unverkäuflich ist. Die autoritative Bevormundung mündiger Verbraucher durch privilegierte Minderheiten, wie Wirtschafts- und Sozialräte, Bundesämter und selbst das Bundesparlament, die „Vergesellschaftung" des privaten Konsums durch normative Bedarfsrangskalen erinnert so plastisch und drastisch an die düsteren Zukunftsvisionen eines George Orwell, daß diesem Modell bei nur einigermaßen normaler politischer Entwicklung keine politische Zukunftschance beigemessen werden kann. Offen systemüberwindende Konzepte finden ohnehin nicht mehr so viel Resonanz wie noch vor zwei Jahren. Natürlich hat auch die intensive Sachkritik, die hier nicht wiederholt zu werden braucht, ein weiteres bewirkt, die Resonanz dieses Konzepts zu vermindern[1]). Im politischen

---

[1]) Vgl. Hans Besters, Wirtschaftliche und gesellschaftliche Probleme überbetrieblicher Investitionslenkung; Gernot Gutmann, Ordnungspolitische Aspekte überbetrieblicher Investitionsplanung – vereinbar mit der Marktwirtschaft, in diesem Taschenbuch, a.a.O.

Raum stehen nach wie vor die Jungsozialisten geschlossen hinter diesem Konzept, das sie sogar noch mit der Forderung nach Vergesellschaftung der privaten Banken und Schlüsselindustrien angereichert haben. Sie sehen ohnehin darin nur eine lediglich tolerable Übergangslösung bis zu der von ihnen angestrebten Vergesellschaftung der Produktionsmittel und der – wie sie es nennen – „Demokratisierung der Wirtschaft". Wieviel Anhängerschaft die Jungsozialisten in der SPD als Partei für dieses Konzept zu mobilisieren vermögen, dürfte der Mannheimer SPD-Parteitag zeigen. Deutliche Spurenelemente solcher Vorstellungen sind im vorliegenden „Zweiten Entwurf des Orientierungsrahmens" – worauf später eingegangen wird – noch auszumachen. Immerhin hatte das Meißner/Wieczorek/Zinn-Modell in seinen Grundzügen schon dem Hannoveraner Parteitag von 1973 als Antrag des Unterbezirks Hessen-Süd vorgelegen und war vom Parteitag als Material für die neue Kommission für den Orientierungsrahmen '85 überwiesen worden.

Das allmähliche „Versickern" so weitgehender Lenkungsvorstellungen bedeutet jedoch nicht, daß die Investitionslenkung als Thema aus der öffentlichen Diskussion in absehbarer Zeit verschwinden wird. Inzwischen hat vielmehr, wie in allerjüngster Zeit der Hamburger DGB-Kongreß gezeigt hat, eine verhältnismäßig breite Strömung zugunsten einer indirekten bzw. indikativen Investitionslenkung eingesetzt. Die öffentliche Diskussion wird dadurch komplizierter, technokratischer, pragmatischer. Ordnungspolitisch wird sie sogar schwieriger und gefährlicher. Es ist leichter, gegen Vorstellungen anzukämpfen, die offene und direkte Systemüberwindung bedeuten und die Freiheitsspielräume des einzelnen beschneiden, als gegen einen undurchsichtigen technokratischen Interventionismus, der für sich in Anspruch nimmt, Fehlentwicklungen zu bekämpfen und dadurch sogar systemstabilisierend zu wirken. Dabei wird selbstverständlich so gut wie nie erwähnt, daß die Fehlentwicklungen, wie sie gerade in der augenblicklichen rezessiven Wirtschaftsentwicklung auf der Hand liegen, ihrerseits das Ergebnis fehlerhafter Steuerungen und Verhaltensweisen sind. Der Eindruck wird suggeriert, als brauchte die Planung nur besser koordiniert und durch den Einsatz neuerer und besserer Instrumente leistungsfähiger gemacht zu werden, und alle Probleme wären gelöst. So wird heute allen Ernstes die Investitionslenkung als Allheilmittel gegen Arbeitslosigkeit und Inflation, Überkapazitäten und Marktstörungen, regionale Schwächen und Umweltgefährdung, Mängel in der Infrastruktur, Strukturprobleme aller Art, einschließlich derer, die weltwirtschaftlich bedingt sind, angesehen. Durch technokratische Intervention in den Wirtschaftsprozeß sollen sie angeblich vermieden, behoben oder zumindest gemildert werden können.

Allen Erfahrungen und Enttäuschungen mit der quantifizierten Globalsteuerung zum Trotz macht sich in weiten Kreisen ein neuer Machbarkeitsglaube breit, der beängstigend ist, weil er falsche Hoffnungen und Erwartungen weckt. Es scheint so, als ob alles, was in der Globalsteuerung versagte, nämlich die ex ante-Koordination der Verhaltensweisen divergierender Kräfte und Gruppen im Bereich der Struktur- und Entwicklungssteuerung, funktionieren könnte. Dabei sind Konjunkturen noch eher voraussehbar als Strukturen, Prognosen und Zielprojektionen für den Strukturbereich noch unzuverlässiger als im Konjunkturbereich. „Investitionslenkung", schreibt Thilo Sarrazin, „scheint als eine Art Vielzweckwunderwaffe aufgefaßt zu werden, deren militär-historische Analogie etwa in der k.u.k.-reitenden Gebirgsmarine zu Fuß zu suchen wäre."[2]) Ein Blick in den „Zweiten Entwurf des Orientierungsrahmens '85", die Gewerkschaftsanträge des Hamburger DGB-Bundeskongresses und Diskussionsbeiträge mancher Verfechter technokratisch-pragmatischer Investitionslenkung[3]) können diese These nur bestätigen.

Vieles spricht dafür, daß die euphorischen Hoffnungen und Erwartungen, die einer pragmatisch-technokratischen Steuerung, vornehmlich mit indirekten Lenkungsmitteln, entgegengebracht werden, zumindest teilweise darauf zurückgehen, daß die Probleme indirekter, indikativer Investitionssteuerung noch nicht ausdiskutiert sind[4]). Wenn nicht alles täuscht, stehen wir erst am Anfang der ernsthaften Investitionslenkungsdiskussion, wenn es nämlich um solche indirekten Lenkungsmaßnahmen geht, über deren Vereinbarkeit mit der Marktwirtschaft mit einem gewissen Ermessensspielraum diskutiert werden kann. Auf einige Probleme solcher indikativ-indirek-

---

[2]) Thilo Sarrazin, Zum Stand der Diskussion über Investitionslenkung, in Thema: Wirtschaftspolitik, Bonn-Bad Godesberg, 1975, S. 60.

[3]) Vgl. Rudolf Henschel, Investitionslenkung aus der Sicht der Gewerkschaften, in diesem Taschenbuch, a.a.O.

[4]) Vgl. Rainer Thoss, Ansatzpunkte einer systemkonformen Investitionslenkung, in diesem Taschenbuch, a.a.O.

ten Lenkungsverfahren wird bei der jetzt folgenden kritischen Analyse der Aussagen zur Investitionslenkung im Orientierungsrahmen '85 und vor allem in den DGB-Beschlüssen des Hamburger Bundeskongresses eingegangen werden.

II. Die Investitionslenkung im „Orientierungsrahmen '85" der SPD

Der Orientierungsrahmen enthält kein in sich konsistentes Investitionslenkungsmodell, nicht einmal eine eindeutige Präferenz für ein bestimmtes Lenkungsverfahren. Alle konkreten Aussagen zu dem ganzen Problemkomplex werden durch andere relativiert und stehen darüber hinaus unter dem Vorbehalt einiger genereller Formalaussagen, deren konkrete Interpretation mangels „ausreichender Urteilssicherheit" ausdrücklich offengelassen wird. Zwar heißt es in dem Abschnitt „Markt und Lenkung" im Anschluß an die Aufzählung einiger Gründe für mangelnde Leistungsfähigkeit der Marktsteuerung: „Das Prinzip der Marktwirtschaft steht und fällt mit der Frage, ob, wie und in welchem Umfang es gelingen kann, durch Wettbewerbsförderung und durch die Kontrolle vermachteter Märkte den Vorrang der Nachfrage bei der Bestimmung der einzelwirtschaftlichen Entscheidungen durchzusetzen."[5]) Dieser Generalaussage läßt sich, obwohl man sich bessere und eindeutigere Formulierungen vorstellen kann, selbst-

[5]) Zweiter Entwurf eines ökonomisch-politischen Orientierungsrahmens für die Jahre 1975–1985, hrsg. vom Vorstand der SPD, S. 31 ff.; siehe auch: Dokumentarischer Anhang dieses Taschenbuches.

verständlich zustimmen. Wenn dann jedoch die Feststellung folgt, daß sich „diese Frage gegenwärtig nicht mit genügender Sicherheit“ beantworten lasse und „auch deshalb nicht, weil die Bundesrepublik von einem konsequenten Einsatz der möglichen Instrumente staatlicher Wettbewerbspolitik und Monopolkontrollen noch weit entfernt ist“, muß der kritische Leser mißtrauisch werden. Sprechen nicht die Fakten eine verhältnismäßig eindeutige Sprache? Die Entwicklung der Bundesrepublik zu einem Land, das in Wohlstandsniveau, Produktivitätsgrad und internationaler Wettbewerbskraft eine Spitzenstellung in der Welt besitzt, spricht weder für Vermachtung noch für mangelnde Orientierung der Wirtschaft an der Nachfrage. Es gibt keine Hinweise dafür, daß die Verbraucher in der Bundesrepublik das ihr offerierte Waren- und Dienstleistungsangebot nur widerwillig akzeptiert hätten; ganz abgesehen davon, daß sich die Macht der Nachfrage gerade in unserer aktuellen Wirtschaftslage überdeutlich zeigt. Niemand will und soll die Bedeutung der Wettbewerbspolitik oder – um das in einer dynamischen Wirtschaft recht antiquiert gewordene Wort zu wiederholen – „Monopolkontrolle“ herunterspielen. Die Wettbewerbsordnung ist aus marktwirtschaftlichem Verständnis heraus eine öffentliche Veranstaltung. Aber sie ließe sich sicherlich nicht durchsetzen, wenn sich nicht immer wieder zeigen würde, daß eine gewisse Grunddisposition zum Wettbewerb und auch zur Monopolverhinderung einer marktwirtschaftlichen Ordnung systeminhärent ist.

Weil die These des Wettbewerbsmangels so häufig zur Begründung von Interventionen oder Systemkritik überhaupt herangezogen wird, gerade auch von linken Kritikern, die sich in dieser Frage ausgerechnet einmal nicht auf Marx beziehen können, sondern übersensibel am liberal-bürgerlichen Modell des vollkommenen Wettbewerbs orientieren[6]), ist es zweckmäßig und notwendig, auf einige Faktoren, die für eine zunehmende Wettbewerbsintensität sprechen, wenigstens hinzuweisen. Auf der Angebotsseite sprechen zunehmende Vielfalt des Angebots an Gütern und Dienstleistungen, die zunehmende internationale Verflechtung unserer Volkswirtschaft, der Übergang zu flexiblen Wechselkursen, der vom Sachverständigenrat seit jeher auch unter dem Aspekt der Wettbewerbsintensivierung gefordert wurde, für eine Stärkung der Wettbewerbsfaktoren. Was die Nachfrageseite anbelangt, so sprechen die zunehmende Sparquote, der steigende Anteil frei disponibler Kaufkraft bei der Bevölkerung und die dadurch mögliche und praktizierte Häufigkeit wechselnder Verwendung dieser Kaufkraft für einen intensivierten Wettbewerb. Wer Anzeichen für eine hohe Wettbewerbsintensität sucht, vermag sie auch in der strukturell sinkenden Tendenz der Kapital- und Umsatzrenditen zu erkennen. Kaum etwas spricht dafür, daß die Wettbewerbsintensität gegenüber der Phase des „Wirtschaftswunders" abgenommen hätte.

Das Bedenkliche an der Aussageverweigerung über die Durchsetzbarkeit ausreichenden Wettbewerbs liegt nicht einmal so sehr darin, daß Faktoren, die für einen relativ starken Wettbewerbsgrad sprechen,

---

[6]) Vgl. Werner Meißner, Argumente für eine überbetriebliche Investitionsplanung, in diesem Taschenbuch, a.a.O.

nicht zur Kenntnis genommen werden, sondern darin, daß der Verdacht genährt wird, die Marktwirtschaft könnte wegen unzureichendem Wettbewerb schon nicht mehr legitimiert sein. Nur: man wisse es eben nicht! Juristisch ausgedrückt könnte man sagen, daß die Marktwirtschaft bewußt im Zustand „schwebender Unwirksamkeit" gehalten wird. Der ungeklärte Wettbewerbsvorbehalt ermöglicht es, außerordentlich weitgehende wirtschaftspolitische Schlüsse zu ziehen. Die mangelnde Urteilssicherheit verbiete es, so heißt es im Orientierungsrahmen, „die richtigen Formen und Dimensionen öffentlicher Wirtschaftslenkung abschließend zu bestimmen". Die dirigistische Drohung lastet damit permanent über unserem marktwirtschaftlichen System. Aber nicht genug: Es wird der Wirtschaftspolitik in gewissem Umfang ein Freibrief für Experimente ausgestellt, indem auf „eine politische Praxis als gemeinsamer Lernprozeß" verwiesen wird, die sich „unter konsequenter Nutzung aller geeigneten Instrumente auf die Bekämpfung unternehmerischer Marktbeherrschung konzentriert und zugleich das System indirekter Wirtschaftslenkung ausbaut"[7]).

Komplizierte Formulierungen dieser und ähnlicher Art lassen auf eine gewisse Präferenz für die indirekte Investitionslenkung schließen. Gestützt wird dies durch den Hinweis, daß „die realistische Beurteilung der staatlichen Handlungsmöglichkeiten und Handlungskapazitäten" dazu zwinge, „beim Ausbau des staatlichen Steuerungspotentials ebenso realistisch vorzugehen" und sich auf das „Notwen-

[7]) Vgl. Zweiter Entwurf, a.a.O., S. 32.

dige und das Machbare zu beschränken"[8]). An konkreten Maßnahmen zur indirekten Investitionssteuerung, die über das bisher praktizierte Maß hinausgehen, wird ein öffentliches Infrastrukturprogramm in Form eines Bundesentwicklungsplans gefordert. „Von einem solchen – zwischen Bund, Ländern und Gemeinden abgestimmten – Infrastrukturkonzept würden entscheidende Orientierungshilfen für die einzelwirtschaftliche Investitionsentscheidung ausgehen", heißt es dazu im Orientierungsrahmen[9]). Was die Investitionslenkung über die regionale und vor allem sektorale Strukturpolitik anbelangt, so finden sich im Kapitel „Modernisierung unserer Wirtschaft als Grundvoraussetzung langfristiger Arbeitsplatzsicherung" weitergehende Ausführungen[10]). Vor allem die sektorale Strukturpolitik soll durch „sektoral differenzierte Status-quo-Prognosen" verbessert werden und damit die Voraussetzungen für einen Orientierungsrahmen der privaten Wirtschaft und für eine Programmierung der Strukturpolitik liefern. Dieses Konzept der numerischen Zielwerte für Einzelsektoren ist ebenso wie der Bundesentwicklungsplan auch Bestandteil der neuen, auf dem Hamburger Kongreß beschlossenen DGB-Programmatik der Investitionslenkung. Einige wesentliche Probleme dieser neuen Form der Strukturpolitik, welche „die sektorale Entwicklung von Investitionen und Arbeitsplätzen künftig stärker in den Mittelpunkt stellt", werden im Zusammenhang mit der Würdigung des DGB-Konzeptes behandelt.

---

[8]) Vgl. Zweiter Entwurf, a.a.O., S. 33.

[9]) Vgl. Zweiter Entwurf, a.a.O., S. 34, S. 47.

[10]) Vgl. Zweiter Entwurf, a.a.O., S. 43 ff., insbes. S. 46.

Wenn auch eine Reihe von Hinweisen indirekt auf eine Präferenz zugunsten indikativer und indirekter Investitionsplanung im Orientierungsrahmen '85 schließen lassen: grundsätzlich ist und bleibt alles offen. Dafür sorgen nicht allein der bereits erwähnte generelle Vorbehalt ausreichenden Wettbewerbs, von dessen Interpretation die Dimensionen öffentlicher Wirtschafts- und Investitionslenkung abhängig gemacht werden, sondern eine Reihe von Formulierungen, die trotz erfahrungsbedingter Planungsskepsis fast einer entflammten Liebe zu weitgehender Planung gleichkommen. Da wird der „systematische Ausbau des Instrumentariums zur wirtschaftlichen Diagnose und Prognose und der öffentlichen Planungsorganisation" gefordert, um sowohl das bestehende Instrumentarium effektiver zu machen, als auch die Anwendung neuer Instrumente zu ermöglichen[11]). Die „systematische" Erhöhung der Planungsfähigkeit des Staates soll auch die Möglichkeit eröffnen, dezentrale Steuerungsformen abzulösen oder zumindest besser zu organisieren[12]). Dazu kommt der allzu offensichtlich ins Schaufenster gestellte Pragmatismus bezüglich der wirtschaftspolitischen Instrumente. „Instrumente kann man nicht als Glaubensbekenntnisse behandeln, sie müssen vielmehr nüchtern ausgelotet, erprobt und gegeneinander abgewogen werden."[13]) Es überrascht deshalb nicht, wenn betont wird, daß es bei der herkömmlich getroffenen Unterscheidung zwischen indirekter und direkter Investitionslenkung „nicht um einen Gegensatz, sondern um eine abgestufte Skala von

[11]) Zweiter Entwurf, a.a.O., S. 33.
[12]) Zweiter Entwurf, a.a.O., S. 34.
[13]) Zweiter Entwurf, a.a.O., S. 35.

Instrumenten“ gehe, „deren dosierter Einsatz zeitlich, sachlich und in der Eingriffstiefe in jedem Einzelfall sorgfältig geprüft werden muß“.

Zu den direkten Instrumenten, deren Einsatz erprobt werden könnte, da „die Rahmensetzung für die private Wirtschaftstätigkeit . . . strukturelle Fehlentwicklungen und unerwünschte Wirkungen nicht völlig verhindern kann, selbst wenn sie konsequent angewandt wird und auf systematischer Diagnose der wirtschaftlichen Abläufe beruht“[14]), sollen gehören:

- Anzeigepflicht für Investitionen bestimmten Umfangs, bestimmter Art oder an bestimmten Standorten.
- Feststellung autorisierter öffentlicher Planungsträger gegenüber einzelnen Privatunternehmungen, ob und inwieweit Investitionen unerwünschte oder schädliche Folgen hervorrufen könnten.
- Investitionsauflagen als einschränkende Bedingungen, ohne deren Beachtung eine Investition nicht zugelassen wird.
- Investitionsverbote.

Mit solchen Interventionsbefugnissen kann, wenn sie konsequent und weitreichend eingesetzt werden – und nicht nur eingeschränkt wie im Baurecht und beim Umweltschutz –, natürlich eine totale Investitionskontrolle ausgebübt werden. Einem Bundesamt für Investitionskontrolle à la Meißner/Wieczorek/

[14]) Zweiter Entwurf, a.a.O., S. 34.

Zinn könnten solche Eingriffsmöglichkeiten vollkommen ausreichen, um ein umfassendes Genehmigungsverfahren für private Investitionen zu praktizieren[15]). Es fehlte nur noch eine gesamtwirtschaftliche Bedarfsskala als Lenkungskriterium, und dieses Investitionslenkungsmodell wäre als Möglichkeit im Orientierungsrahmen '85 (OR '85) enthalten.

Die DGB-Beschlüsse des Hamburger Bundeskongresses sind, obwohl sie mit den Aussagen des OR '85 zumeist vergleichbar oder ähnlich sind, nicht so weitgehend. Sie belassen es bei der ersten Stufe der Anzeigepflicht, ohne sich auf weitere Stufen von Folgeinterventionen festzulegen. Wenn trotzdem bei wohlwollender Interpretation im OR '85 eine Präferenz für indikative, indirekte Investitionslenkung durchschimmert, so soll doch zumindest der Weg für ergänzende direkte Eingriffe offenbleiben. Darauf lassen die Hinweise sowohl auf die finanziellen und verteilungspolitischen Folgen als auch die Wirkungsgrenzen indirekter Investitionsanreize schließen. Im Vergleich zum DGB-Konzept gibt es jedoch einen nicht unbedeutenden institutionellen Unterschied: Während der OR '85 auf die Planungskapazität des Staates abhebt, möchte der DGB die Investitionslenkung institutionell weitgehend auf einer wirschaftsdemokratischen Organisationsstruktur (Branchenausschüsse, Wirtschafts- und Sozialräte) aufbauen. Der OR '85 dagegen deutet lediglich „neue Formen der zwanglosen Kooperation zwischen staatlichen Instanzen, Unternehmen und Gewerkschaften“ auf gesamtwirtschaftlicher und regionaler Ebene an.

---

[15]) Zweiter Entwurf, a.a.O., S. 34.

III. Das Investitionslenkungskonzept des Deutschen Gewerkschaftsbundes (DGB)

Der DGB hat die Investitionslenkung zu einem Schwerpunktthema seines 10. Bundeskongresses in Hamburg (25. bis 30. Mai 1975) gemacht. In programmartigen Reden führender Gewerkschaftsrepräsentanten und durch die Annahme der Anträge 58 (Antragsteller: IG Chemie–Papier–Keramik), 59 (Antragsteller: IG Metall) und 60, Abschnitt VI (Antragsteller: Landesbezirk Hessen)[16]) wurde die Forderung nach Investitionslenkung, die bereits im DGB-Grundsatzprogramm von 1963 enthalten ist, aus aktueller Sicht bekräftigt und konkretisiert. Der alte und neue DGB-Vorsitzende Heinz Oskar Vetter erhob in seinem Grundsatzreferat: „Herausforderung und Antwort – Die Gewerkschaften im letzten Viertel des zwanzigsten Jahrhunderts" die Investitionslenkung sogar in einen ordnungspolitischen Rang. Es geht nach seinen Worten dabei „um einen dritten Weg zwischen privater Wirtschaftsplanung und staatlicher Planwirtschaft". Er soll die „Nachteile beider ... verhindern" und ihre „Vorzüge zu einer optimalen sozialen Wirtschaftspolitik verdichten". Oder auch anders ausgedrückt: „Es gilt, soziale Verzerrungen zu verhindern, ohne die Dynamik der Wirtschaft zu bremsen"[17]).

Die wesentlichen Konturen des Investitionslenkungsmodells, das dem DGB vorschwebt, sind am deutlichsten aus dem fast wissenschaftlich präzis formu-

---

[16]) Bundeskongreß, S. 53–59.
[17]) Vgl. S. 19 ff. der Presse-Fassung.

lierten, vom DGB-Kongreß verabschiedeten Antrag 58 der IG Chemie–Papier–Keramik zu erkennen[18]). Die „vielfältigen konjunkturellen, regionalen und sektoralen Schwierigkeiten" und vor allem die „permanente Bedrohung des Vollbeschäftigungszieles" – so heißt es – „machen einen umfassenden indikativen, indirekten Lenkungsansatz notwendig". Das indikative Lenkungsinstrument soll dabei aus einem „langfristigen Infrastrukturprogramm des Staates (Bundesentwicklungsplan)" und einem „regional und sektoral aufgegliederten Rahmenplan über die künftige Struktur unserer Volkswirtschaft" bestehen. Nach dem IG-Chemie-Entwurf handelt es sich bei dem Rahmenplan um eine „Status-quo-Prognose über die strukturelle Entwicklung", also ein Prognosesystem, das die in der Gegenwart voraussehbare strukturelle Entwicklung erfassen und darstellen soll. Der IG-Metall-Antrag 59 sieht über diesen angebotsorientierten Rahmenplan hinaus auch „die Veröffentlichung laufender Bedarfs- und Nachfragevorausschätzungen für die einzelnen Wirtschafts- und Industriezweige" vor[19]).

Eine mögliche Divergenz zwischen den IG-Chemie- und IG-Metall-Vorstellungen könnte darin liegen, daß im IG-Metall-Antrag mit den indikativen Instrumenten nicht nur eine bessere Übersicht über die voraussichtliche, sondern auch die „gewollte" wirtschaftliche Entwicklung angestrebt wird. Diese Formulierung kann insofern wichtig sein, als es sich bei den indikativen Zielvorgaben des Rahmenplanes

---

[18]) Anträge und Entschließungen, a.a.O., S. 53 ff.

[19]) Anträge und Entschließungen, a.a.O., S. 55.

dann nicht nur um bessere Informationen (= informative Zieldaten) über absehbare Entwicklungstrends handeln würde, sondern zumindest teilweise auch um „normative Zieldaten“ etwa im Sinne einer „selektiven Angebotssteuerung“ (Noé) handeln könnte[20]). Im letzteren Fall könnte schon rein begrifflich nicht mehr nur von unverbindlichen Orientierungsdaten für die privaten Investoren gesprochen werden.

Überhaupt muß hinter die These vom bloßen Orientierungscharakter des angestrebten Rahmenplans ein Fragezeichen gesetzt werden. Im IG-Chemie-Entwurf heißt es über den Rahmenplan eindeutig: „Er ist ein unverzichtbares Element für den Einsatz der heute unkoordiniert und unsystematisch eingesetzten staatlichen Instrumente“[21]). Für die staatliche Wirtschaftspolitik, die insbesondere über den Einsatz von Instrumenten entscheiden muß, soll der Rahmenplan auf jeden Fall Planungsgrundlage sein. Ob der Rahmenplan gleichzeitig „nur“ Orientierungsdatum für die Unternehmen und „Plandatum“ für einen effizienten Instrumenteneinsatz sein kann, erscheint zumindest fraglich. Vieles spricht dafür, daß Zielvorgaben, deren Erfüllung durch Umfang und Strukturierung öffentlichen Mitteleinsatzes bewußt angestrebt wird, für den Unternehmensbereich mehr als nur Orientierungsdaten sind. Auch umfaßt der Katalog der aufgezählten Instrumente nicht nur indirekte Lenkungsmittel, wie Investitionsbeihilfen oder

---

[20]) Claus Noé, Selektive Angebotssteuerung in der Marktwirtschaft, in: Thema Wirtschaftspolitik, Materialien zum Orientierungsrahmen ’85 der SPD, Bonn-Bad Godesberg 1974, S. 75 ff.

[21]) Anträge und Entschließungen, a.a.O., S. 54.

Steuererleichterungen, was dem Anspruch eines indirekten Lenkungsansatzes eigentlich gemäß wäre. Im IG-Metall-Antrag wird nämlich auch von „unmittelbaren Einwirkungsmöglichkeiten" gesprochen, die „im Bedarfsfall" die mittelbar wirkenden Lenkungsmittel ergänzen sollen. Immerhin handelt es sich um „öffentliche Auflagen für die Inanspruchnahme staatlicher Mittel" bzw. um „öffentliche Beteiligungsrechte im Zusammenhang mit der Inanspruchnahme staatlicher Mittel"[22]), die nicht gerade von vornehmer marktwirtschaftlicher Art sind.

Die Darstellung des Investitionslenkungskonzepts des DGB wäre unvollständig, wenn nicht noch auf zwei Besonderheiten hingewiesen würde: Das spezielle Investitionslenkungskonzept der IG Chemie für Sektoren, in denen „eine ständig wiederkehrende Tendenz zu Überkapazitäten" besteht (vor allem Sektoren mit „homogener Massenproduktion", wie z. B. Aluminium, Chemiefasern etc.)[23]) und das von der IG Metall geforderte öffentliche Investitionsmeldeverfahren für sogenannte Großunternehmen und -konzerne[24]).

Diese speziellen Lenkungskonzepte sind vor allem dadurch charakterisiert, daß bei ihnen nicht instrumentale, sondern institutionelle Neuerungen im Vordergrund stehen. Für Sektoren, in denen die Massenproduktion homogener Güter dominiert, wird die Bildung von „Branchenausschüssen" gefordert, die drittelparitätisch aus Vertretern von Arbeitgebern,

---

22) Anträge und Entschließungen, a.a.O., S. 55.
23) Anträge und Entschließungen, a.a.O., S. 53.
24) Anträge und Entschließungen, a.a.O., S. 56.

Arbeitnehmern und der öffentlichen Hand zusammengesetzt sind, und deren Aufgabe in einer „planvollen, koordinierten Erweiterung der Branchenkapazitäten“ bestehen soll. Die Entstehung von Überkapazitäten und ruinösem Investitionswettbewerb soll damit vermieden werden. Dieses Ziel wird durch ein dreifach abgestuftes Koordinierungs- und Lenkungsverfahren angestrebt:

1. Höhere Transparenz der Investitionsplanungen durch eine Investitionsmeldepflicht.

2. Indikation möglicher Fehlentwicklungen (Überkapazitäten) durch Gegenüberstellung der Angebots- und Nachfrageentwicklung.

3. Warnung vor Fehlentwicklungen und im Falle ihrer Wirkungslosigkeit Empfehlungen für den Einsatz staatlicher Instrumente durch den Ausschuß (z. B. Streichung von Investitionsbeihilfen, steuerliche Maßnahmen etc.).

Dieses von der IG Chemie seit einigen Jahren unter dem Eindruck zeitweiliger Überkapazitäten in der Chemiefaser- und Aluminium-Industrie entwickelte System der Investitionslenkung für Sektoren mit homogener Massenproduktion[25]) wurde schon vor Jahren von Staatssekretär Otto Schlecht als Investitionskartell qualifiziert. Er bedachte es abschließend mit folgenden Bemerkungen: „Ein Investitionskar-

[25]) Manfred Krüper, Investitionslenkung – ein neues Mittel der Wirtschaftspolitik, in: Investitionskontrolle gegen die Konzerne. Herausgegeben von Manfred Krüper, Rowohlt-Taschenbuch 1974, S. 7 ff.

tell bleibt auch dann ein Kartell mit allen seinen wirtschaftlichen und sozialen Nachteilen, wenn sich die Gewerkschaften daran beteiligen, staatliche Vertreter als Anstandswauwaus an dieser Liaison zur Beschränkung des Wettbewerbs mitwirken, und sich das Ganze schamhaft ‚Rat' oder ‚Ausschuß' nennt."[26])

Auch die zweite Sonderform der Investitionslenkung gründet auf der Zuversicht, daß „neue Institutionen" (Vetter) das „unkoordinierte Nebeneinander einzelwirtschaftlicher Investitionsentscheidungen und -planungen, das zu Überkapazitäten bzw. Engpässen" führt, überwinden können. Ohne eine „hinreichende Abstimmung der autonomen einzelwirtschaftlichen Investitionsentscheidungen durch die öffentlichen Hände" – so wird behauptet – sei es nicht möglich, „Fehlentwicklungen von Kapital und Arbeitskraft zu vermeiden"[27]).

Als neue Instanz wird von der Bundesregierung die Einrichtung einer „öffentlichen Investitionsmeldestelle" gefordert, „die über Investitionen von Großunternehmen und -konzernen rechtzeitig und vollständig zu unterrichten ist"[28]). Um eine bessere Transparenz durch die Offenlegung der internationalen Investitionspläne der Großindustrie zu gewährleisten, werden Unternehmen bzw. Konzerne meldepflichtig, die zwei von folgenden drei Kriterien erfüllen: 2000 Beschäftigte, 75 Mio DM Bilanzsumme,

---

[26]) Otto Schlecht, Investitionssteuerung über den Markt oder über Wirtschaftsräte, in: Investitionskontrolle gegen die Konzerne, a.a.O., S. 25.

[27]) Anträge und Entschließungen, a.a.O., S. 56.

[28]) Anträge und Entschließungen, a.a.O., S. 56.

150 Mio DM Jahresumsatz. Um die Transparenz auch wirklich herzustellen, müssen die Daten veröffentlicht werden.

Um das DGB-Konzept der Investitionslenkungen mit seiner vollen Dimension zu begreifen, ist es notwendig, außer den „besseren Instrumenten“ auch die „neuen Institutionen“ zu beschreiben. Offensichtlich will der DGB mit den für die Investitionslenkung neu zu schaffenden Institutionen seine Vorstellungen von überbetrieblicher Mitbestimmung bzw. „Wirtschaftsdemokratie“ verwirklichen. Die Branchenausschüsse sollen, wie bereits erwähnt, drittelparitätisch besetzt werden. Die beschlossenen Anträge sind in ihren Besetzungsmodalitäten für die neuen Institutionen allerdings nicht einheitlich. So heißt es bei der IG Chemie: „An der Erarbeitung eines Rahmenplanes müssen die Gewerkschaften ausreichend beteiligt sein.“[29]) Die IG Metall spricht nur von „demokratischer Beteiligung der Arbeitnehmer und ihrer Organisation“[30]). Diesen „relativ bescheidenen Ansprüchen“ hinsichtlich der Beteiligung wurde jedoch mit dem vom Bundeskongreß beschlossenen Antrag des Landesbezirks Hessen (60, Absatz VI) ein Ende bereitet[31]). Er sieht „auf den Ebenen der Regionen, der Länder und des Bundes“ die Bildung von „paritätisch aus Arbeitnehmern und Unternehmern besetzten Wirtschafts- und Sozialräten“ vor. Als „Gremien gesamtwirtschaftlicher Mitbestimmung“ sollen

---

[29]) Anträge und Entschließungen, a.a.O., S. 54.

[30]) Anträge und Entschließungen, a.a.O., S. 57.

[31]) Anträge und Entschließungen, a.a.O., S. 59.

ihnen Aufgaben der „Regionalplanungs- und Strukturpolitik" übertragen werden[32]).

Faßt man alle instrumentalen und institutionellen Elemente der Vorstellungen zusammen, läßt sich das DGB-Investitionslenkungskonzept als „wirtschaftsdemokratisch" verfaßte Investitions-, Struktur- und Entwicklungssteuerung auf vorwiegend indikativer, indirekter Grundlage bezeichnen. Die institutionelle Seite dieses Konzepts sind drittelparitätisch bzw. paritätisch zusammengesetzte Lenkungsgremien in Gestalt von Branchenausschüssen und Wirtschafts- und Sozialräten auf allen regionalen Ebenen. Die instrumentale Seite besteht in einem regional und sektoral untergegliederten volkswirtschaftlichen Rahmenplan, der Zielvorgaben für die Investitionsentscheidungen der privaten Unternehmen enthält, und die mit vorwiegend indirekten Lenkungsinstrumenten verwirklicht werden sollen.

Bevor diese Investitionslenkungsvorstellungen kritisch überprüft werden, muß zunächst positiv anerkannt werden, daß führende DGB-Repräsentanten sich deutlich gegen eine direkte, imperative Investitionslenkung à la Meißner/Wieczorek/Zinn ausgesprochen haben. Karl Hauenschild (IG Chemie) lehnte ausdrücklich eine am gesellschaftlichen Bedarf orientierte Ressourcenlenkung ab. Er bezeichnete jede „vordemokratische Bedarfsermittlung" unter den Verbrauchern als einen „frommen Wunsch". Wie auch Heinz Oskar Vetter und Eugen Loderer (IG Metall) will er keine „Verbürokratisierung der Inve-

[32]) Anträge und Entschließungen, a.a.O., S. 59.

stitionsentscheidungen"[33]). Vetter spricht sich energisch gegen „eine Mammutbürokratie, die den Unternehmen die Details ihrer Investitionen vorschreibt", aus[34]). Auch Eugen Loderer lehnt ebenso deutlich Pläne ab, die „letzte Entscheidung über Art und Umfang der Investitionen aus dem Bereich des einzelnen Unternehmens herauszunehmen"[35]). Sicher waren sie sich der unvermeidbaren Konsequenzen für die freie Konsum- und Arbeitswahl der Arbeitnehmer und die Tarifautonomie bewußt. Dennoch muß gefragt werden, ob das von der Gewerkschaft geforderte indikative, indirekte Investitionslenkungsmodell auf wirtschaftsdemokratischer Grundlage die in es gesetzten Ziele und Hoffnungen auf Verhinderung von Fehlentwicklungen zu erfüllen vermag, ob die Gewerkschaften bei einer Verwirklichung sich nicht selbst überfordern müssen, und welche ordnungspolitischen Folgewirkungen für unser marktwirtschaftliches System daraus entstehen können.

Die erste kritische Frage muß bezüglich der Notwendigkeit und Leistungsfähigkeit des geforderten umfassenden indikativen Zielsystems gestellt werden. Die quantitativen, indikativen Zielvorgaben sollen den Informationshorizont der investierenden Unternehmen erweitern, ihnen zusätzliche Orientierungsdaten verschaffen, die zu besseren, wenn man so will, „strukturgerechteren" Investitionsentscheidungen führen (wie Hauenschild meint: „Sechs Augen sehen mehr als zwei"). Die Unternehmen können

---

[33]) Protokoll 10. Ordentlicher Bundeskongreß Hamburg, 25. bis 30. Mai 1975, S. 139.

[34]) Protokoll, a.a.O., S. 14.

[35]) Protokoll, a.a.O., S. 141.

sich jedoch auch heute schon auf einen erheblichen Bestand an Daten und Informationen stützen. Es gibt beim Sachverständigenrat, den Forschungsinstituten, Regierungsstellen, statistischen Ämtern, Verbänden, Kammern, Gewerkschaften, Markt- und Meinungsforschungsinstituten und Unternehmensberatern eine Fülle geeigneter Daten und Informationen, auf die jederzeit für Entscheidungsfindung zurückgegriffen werden kann. Im Unternehmensbereich stehen zur Informationsverarbeitung ganze Stabsabteilungen bereit, die für größere Investitionsentscheidungen des Vorstandes bzw. des Aufsichtsrates alle wichtigen Daten erarbeiten: Marktlage, Gewinnaussichten, Konkurrenzvorhaben usw. Auch die Betriebsräte und der Aufsichtsrat stehen als Informations- und Beratungsgremien für die Vorbereitung von Investitionsentscheidungen zur Verfügung. Für ein breites Informationsspektrum ist also ausreichend, eher ist man geneigt zu sagen: überreichlich, gesorgt. So muß füglich bezweifelt werden, daß Zielprojektionen von Wirtschafts- und Sozialräten oder spezielle Branchenausschüsse noch nützliche Zusatzinformationen liefern können. Auch über die geplanten Investitionen gibt es Befragungsergebnisse, die in dem Ifo-Test des Münchener Konjunkturforschungsinstituts regelmäßig veröffentlicht werden. Es stellt sich daher die Frage, ob ein öffentliches Investitionsmeldeverfahren unter diesen Umständen noch sinnvoll sein kann.

Eine Verbesserung des Informationshorizonts für die Investitionsentscheidungen der privaten Unternehmer könnte nur dann eintreten, wenn das umfassende System der regionalen und sektoralen Zielprojektionen ein Höchstmaß an Zielgenauigkeit und Treffsicherheit bringen könnte. Nur in diesem „Optimalfall“ würde die angestrebte ex ante-Koordination der einzelwirtschaftlichen Investitionsentscheidungen zu den erhofften optimalen Ergebnissen führen, nämlich selbst zeitweilige Marktstörungen und Anpassungsprozesse vermeiden können. Die Wahrscheinlichkeit eines solchen Optimums an Treffsicherheit ist aber, wie sich schon aus der Erfahrung mit globalen Konjunkturprognosen zeigt, nahezu so gering wie die Wahrscheinlichkeit, sechs Richtige im Lotto zu erzielen. Je detaillierter die Zielwerte gesetzt werden – und um für Investitionsentscheidungen von spezifischer Nützlichkeit zu sein, müßten sie einen hohen Grad an Detailliertheit aufweisen – um so ungünstiger müssen die Treffsicherheitsqualitäten beurteilt werden.

Wenn die sektoralen und regionalen Zieldaten dagegen die tatsächlichen Trends nicht widerspiegeln und die privaten Investitionen in einer Art gleichförmigen Verhaltens auf solche falsche Zielvorgaben reagieren, müssen als Ergebnis der gleichförmigen Reaktion erst recht Überkapazitäten bzw. Engpässe entstehen. Und dies um so mehr, je stärker die Zieldaten sozusagen „daneben“ liegen und je konsequenter sie von den Unternehmen zur Entscheidungsgrundlage gemacht wurden. Bundeswirtschaftsminister Hans Friderichs formulierte diesen Gefahrenpunkt vor dem Hamburger Bundeskongreß wie folgt: „Wehe, wenn wir für ganze Sektoren der Wirtschaft falsche Prognosen bekommen! Und wenn wir sie veranlassen, sich gleichförmig zu verhalten, dann geht es allerdings in größeren Dimensionen daneben, oder Sie können auch sagen, dann kriegen wir die Kumulation der Risiken."[36]) Falsche Zielvorstellungen unter der Bedingung gleichförmigen Verhaltens müssen die Gefahr und das Ausmaß von Fehlentwicklungen aber wesentlich verstärken. Die große Stärke dezentraler Investitionsentscheidungen liegt ja unter anderem auch darin, daß die privaten Investoren divergierende Zukunftseinschätzungen haben, also jeweils voneinander abweichende individuelle Zieldaten der voraussichtlichen Entwicklung ihren Planungsentscheidungen zugrunde legen. Diese divergierenden Einschätzungen verhindern, daß sich ganze Branchen und Sektoren kollektiv fehlverhalten. Aus ihnen ergibt sich per Saldo die Orientierung an Mittelwerten mit tendenziell hohem Realitätsgehalt. Durch offizielle Zielvorgaben, die mit gleichförmigem Verhalten honoriert werden, wird die ausgleichende Wirkung des „dezentralen Suchprozesses" (Helmstädter) dagegen zerstört.

Sicher könnte argumentiert werden – und das geschieht natürlich –, daß die Zieldaten des Rahmenplans nur Orientierungsdaten seien, die letztlich für niemanden verbindlich sind. Dies würde bedeuten, daß sie im Falle negativer Erfahrungen nicht mehr ernst genommen werden müßten oder sogar eingestellt werden könnten (was jedoch allen geschichtlichen Erfahrungen hinsichtlich der Lebenskraft einmal existierender Institutionen widersprechen würde). Abgesehen jedoch von den Unsicherheiten und Fehlentwicklungen, die sich aus diesem experimentellen Verfahren mit offiziösen Zieldaten ergeben müßten, muß gefragt werden, ob die Zieldaten des

---

[36]) Protokoll, a.a.O., S. 192.

Rahmenplans denn wirklich „nur“ Orientierungsdaten ohne Verbindlichkeitscharakter sind. Können sie, die unter Beteiligung aller wesentlichen gesellschaftlichen Gruppen, unter anderem möglicherweise auch von Vertretern der öffentlichen Hand, zustande gekommen sind, so ohne weiteres in den „Wind geschlagen“ werden? Zumindest für die gewerkschaftlich engagierten Betriebs- und Aufsichtsräte in den Unternehmen müssen, das hat auch Karl Hauenschild vor dem Bundeskongreß in etwa zugegeben[37]), die Zielvorgaben ein hohes Maß an politisch-gesellschaftlicher Bindungskraft besitzen. Es kommt jedoch noch hinzu, daß sie ausdrücklich als Grundlage für die Planung des staatlichen Mitteleinsatzes vorgesehen sind. Hochgesteckte Zielvorstellungen können den Einsatz so starker „incentives“ erfordern, daß der Unsicherheitsaspekt der Projektionen möglicherweise von den Investoren nicht mehr ausreichend kalkuliert wird. Dies muß um so mehr gelten, wenn zumindest einige Zieldaten mit „strukturreformerischen“ Motivationen gesetzt worden sind, was im DGB-Konzept zumindest nicht ausgeschlossen, im Grunde sogar partiell gefordert ist. Daraus muß folgendes Fazit gezogen werden: Je mehr politisch-gesellschaftliche Bindungs- und Instrumentenkapazität hinter den Orientierungsdaten steht, um so mehr droht ein erhöhtes Maß an Fehllenkungen von Arbeit und Kapital mit allen sozialen Problemen und Folgen. Ein umfassendes indikatives System von Zieldaten verspricht also eher ungünstigere Ergebnisse als beim herkömmlichen „Marktabtasten“ durch viele zu erwarten sind.

---

[37]) Protokoll, a.a.O., S. 139.

Ähnliche Vorbehalte müssen im übrigen auch gegenüber der investitionssteuernden Kraft eines Infrastrukturprogramms der öffentlichen Hand (Bundesentwicklungsplan) geltend gemacht werden[38]). Zunächst ist es nahezu aussichtslos, in absehbarer Zeit ein von Bund, Ländern und Gemeinden gemeinsam erarbeitetes, in sich abgestimmtes Konzept eines Bundesentwicklungsplans zu erwarten. Die Interessendivergenzen zwischen diesen Regionen dürften dafür zu groß sein. Sollte er trotzdem zustande kommen, muß befürchtet werden, daß er als Orientierungsinstrument für private Investitionen untauglich ist, weil er als Kompromißformel die Summierung von Wunschvorstellungen der beteiligten öffentlichen Körperschaften enthalten müßte. Selbst wenn es gelänge, einen realistischen, in sich schlüssigen Bundesentwicklungsplan vorzulegen, wäre es immer noch fraglich, ob er als Orientierungsmittel für die privaten Investitionsentscheidungen tauglich wäre. Dieser Bundesentwicklungsplan müßte zunächst einmal, wenn neue regionale oder strukturpolitische Erkenntnisse vorliegen, revidierbar sein. Selbst wenn er nicht revidierbar wäre oder nicht revidiert würde, bleibt es unsicher, ob die in ihm enthaltenen Zielvorstellungen zeitlich und sachlich eingehalten werden. Fehlen die finanziellen Mittel, ändern sich die gesamtwirtschaftlichen Voraussetzungen oder die Bevölkerungsdaten (Geburtsziffern!), wird er als

---

[38]) Die Idee, Infrastrukturprogramme der öffentlichen Hand als Orientierungsdaten für private Investitionsentscheidungen einzusetzen, stammt von dem Wirtschaftssprecher der SPD im Bundestag, Herbert Ehrenberg. Hinsichtlich der Realisierungsmöglichkeiten ist er selbst nicht frei von Skepsis. Vgl. Herbert Ehrenberg, Probleme der Investitionslenkung, in: Thema: Wirtschaftspolitik, a.a.O., S. 51 ff.

Orientierungsdatum untauglich. Die Erfahrungen mit den langfristigen Gesamtbildungsplänen, Verkehrswegeplänen etc., die schon allein an finanziellen Klippen gescheitert sind, sprechen für eine große Skepsis hinsichtlich der Zuverlässigkeit solcher Langfristplanungen. Unternehmen, die sich in ihren Investitions- und Standortentscheidungen auf solche Rahmenpläne verlassen, müssen das oft teuer bezahlen. Wenn schon öffentliche Infrastrukturprogramme als Orientierungsmittel für private Investitionsentscheidungen dienen sollen, ist es nützlicher, sie auf begrenzte, dafür aber einhaltbare Infrastrukturzusagen zu beschränken. Es spricht gegenwärtig mehr dafür, öffentlichen Infrastrukturmaßnahmen ex post-Charakter beizumessen, sie also stärker als Folgeinvestitionen vorangegangener privater Investitionstätigkeit anzusehen, statt sie für eine ex ante-Rolle zur Lenkung privater Investitionen in Anspruch zu nehmen.

Die zweifelhafte Leistungsfähigkeit des indikativen Instrumentariums ist der größte Dämpfer für die großen Hoffnungen auf „glattere“ Marktverläufe, wie sie vom DGB für realisierbar gehalten werden. Im Grunde ist mit der zweifelhaften oder zumindest mangelhaften Leistungsfähigkeit dieses Instrumentariums das ganze Investitionslenkungsprojekt des DGB in seinem Kern erschüttert.

Es ist überhaupt die Frage, ob sich die Gewerkschaften mit einer maßgeblichen Beteiligung an der Erstellung des regional und sektoral untergliederten Rahmenplanes nicht hoffnungslos überfordern und dazu in Zielkonflikte mit anderen wesentlichen Zielvorstellungen des Gewerkschaftsbundes geraten müßten.

Über die Einschätzung der Zukunftschancen der verschiedenen Branchen, Sektoren und Regionen muß es zwangsläufig zu Rivalitäten zwischen den einzelnen Industriegewerkschaften, DGB-Landesbezirken, Branchenausschüssen und regionalen Wirtschafts- und Sozialräten kommen. Im Interesse ihrer Mitglieder und Organisationen müssen sie versuchen, einen möglichst hohen „Marktanteil“ an der mengenmäßig für alle begrenzten wirtschaftlichen Zukunft zu erreichen. Oder anders ausgedrückt: Sie müssen untereinander um möglichst günstige Zielprojektionen für die von ihnen vertretenen Regionen, Sektoren und Branchen rivalisieren. Die Belastung für die gewerkschaftliche Solidarität muß zwangsläufig wachsen, wenn sich der Eindruck festsetzt, daß über die Zuweisung ökonomischer Chancen nicht oder zumindest nicht mehr primär durch die Marktkräfte entschieden wird, sondern durch Quoten, die im gesamtwirtschaftlichen Rahmenplan den einzelnen Regionen, Sektoren und Branchen zugeteilt werden. Zu diesen „horizontalen Rivalitäten“, die sich in der DGB-Organisation durchsetzen müssen, wenn sich die Einzelgewerkschaften und regionalen Unterorganisationen maßgeblich an durchstrukturierten Zielfindungsprozessen und Rahmenplänen beteiligen, gesellen sich zwangsläufig auch vertikale Spannungsverhältnisse zwischen dem DGB als Dachorganisation, seinen Unterorganisationen (Landesbezirke) und Mitgliedsverbänden (Industriegewerkschaften). Der Dachverband DGB kommt am Ende des gesamtwirtschaftlichen Planungsprozesses nicht umhin, sich für einen in sich schlüssigen gesamtwirtschaftlichen Rahmenplan auszusprechen, der natürlich wesentliche Vorstellungen und Einzelinteressen von

Mitgliedsgewerkschaften und Unterorganisationen unberücksichtigt lassen muß. Das muß zwangsläufig zu Enttäuschungen innerhalb dieser Organisationen führen.

Der DGB muß im Falle der Verwirklichung seines Investitionslenkungsmodells jedoch nicht nur mit einer erheblichen Strapazierung der Verbandssolidarität rechnen. Er würde zwangsläufig auch in Konflikt zu einigen seiner wesentlichen organisationspolitischen Zielvorstellungen und Grundwerte geraten. Daß die autonome Ausübung der Mitbestimmungsrechte auf Betriebs- und Unternehmungsebene im Falle einer direkten, imperativen Investitionslenkung eingeengt würde, darauf ist schon oft hingewiesen worden. Auch eine indikative, auf quantitative Zielwerte gegründete Investitionslenkung muß diese Wirkung haben, wenn die Zielwerte ernst genommen werden, was bei wesentlicher Beteiligung der Gewerkschaften an ihrer Aufstellung für die gewerkschaftlich organisierten Betriebsräte und Aufsichtsratsmitglieder unumgänglich sein dürfte. Numerische wirtschaftliche Zielwerte für Branchen und Sektoren enthalten zwangsläufig, sei es direkt oder indirekt, auch die dazu passenden Lohndaten, die dadurch so etwas wie einen faktischen „Lohnleitliniencharakter“ bekommen. Dies gilt sowohl für das Lohnniveau als auch – in fast noch stärkerem Umfang – für die Lohnstruktur. Die Tarifautonomie, sicherlich das entscheidende „essential“ der Gewerkschaftspolitik, würde damit tangiert. Sie ist mit einem umfassenden indikativen Zielsystem nicht kompatibel. Es sei denn, der ganze Rahmenplan würde über die Qualität eines „Papiertigers“ nicht hinauskommen. Das Paradoxe an dem Ganzen ist, daß die Gewerkschaften, indem sie bei der Ermittlung der „Solldaten" des Rahmenplanes mitwirken, in der Lohnpolitik sich selbst Fesseln anlegen.

Es bleibt noch die ordnungspolitische Beurteilung. Dabei ist die entscheidende Frage, ob noch hinreichende Klarheit darüber besteht, wem für die privaten Investitionsentscheidungen die Steuerungspriorität zukommt: den Marktchancen, wie sie sich aus der Sicht des investierenden Unternehmens darstellen, oder aber den Orientierungsdaten des Rahmenplanes, in denen sich die Auffassungen von „Ausschüssen" und „Räten" über die wirtschaftliche Zukunft widerspiegeln. Nicht zu leugnen ist zumindest die Gefahr der „Verunklarung" der Steuerungsprioritäten. Die sog. Orientierungsdaten des Rahmenplanes rivalisieren aus der Sicht der Unternehmen mit den „eigeninterpretierten" Marktdaten, und dies um so mehr, je attraktiver die Orientierung an den Daten des Rahmenplanes durch Zulagen, Steuererleichterungen, Subventionen honoriert bzw. die Orientierung an den selbstinterpretierten Marktdaten durch „Subsidienverlust" demotiviert wird. (Wobei unter Umständen der „moral suasion"-Effekt der „gesellschaftlichen" Zielvorgaben noch verstärkend wirken kann.) Solange die ex post-Kontrolle des Marktmechanismus aufrechterhalten wird, obsiegt letzten Endes die Marktsteuerung. Die wirtschaftlichen und sozialen Kosten der Marktkorrektur (Vergeudung von Produktionskräften, Wachstumsverlusten, Arbeitslosigkeit etc.) sind unter der unheilvollen Allianz von Fehlprojektionen und gleichförmigem Verhalten wahrscheinlich größer als ohne den hochgestochenen Versuch einer ex ante-Steuerung durch indikative Rahmenplanung. Der Schaden, den die marktwirtschaftliche Ordnung davonträgt, besteht darin, daß die entstehenden ökonomischen und sozialen Friktionen ihr angelastet werden und nicht den unzulänglichen Steuerungstechniken. Der marktwirtschaftliche Sanktionsmechanismus wird insofern pervertiert, als die Haftung für die Fehlentwicklungen weiterhin den Eigentümern und den Unternehmensleitungen zugerechnet wird, die Kollektivgremien jedoch, die durch falsche Signalsetzungen wesentlich diese Fehlentwicklungen mit verursacht haben, um die Mithaftung herumkommen.

Einige spezielle Anmerkungen sollen noch zu den vor allem von der IG Chemie getragenen Plänen zur Bildung von Branchenausschüssen für Sektoren mit homogener Massenproduktion (Aluminium, Chemiefasern usw.) gemacht werden. Die Problemstellung als solche ist sicherlich nicht ganz von der Hand zu weisen. Wenn technologisch bedingte Kapazitätssprünge mit stark schwankender Nachfrage zusammenfallen, entstehen zwangsläufig Auslastungsprobleme. Sie können jedoch nicht durch Branchenausschüsse, die – wie bereits dargestellt – von Otto Schlecht als „Investitionskartell“ bezeichnet worden sind, behoben werden. Eine Kapazitätsbegrenzung durch Investitionsabstimmung zwischen den Inlandsproduzenten würde nicht ausreichen. Ausländische Produzenten würden nämlich durch entsprechend höhere Auslastung ihrer Kapazitäten oder aber durch deren stärkeren Ausbau das ganze Problem der Überproduktion erneut herbeiführen. Die Branchenausschüsse müßten schon auf der gesamten EG-Ebene installiert werden, wenn eine annähernd wirksame Kapazitätsregulierung möglich sein soll. Dafür aber fehlen alle Voraussetzungen. Im Grunde läßt sich das Problem nur durch eine Konjunkturpolitik mildern, die konjunkturverstetigend wirkt, und besonders konjunkturempfindlichen Sektoren, wie den Bereichen mit homogener Massenproduktion, das unheilvolle Wechselbad zwischen inflatorischem Boom und rezessiven bzw. stagflationären Phasen erspart. Eine „kartellmäßige" Investitionsabstimmung, selbst wenn sie erfolgreich praktiziert werden könnte, würde überdies erhebliche Gefahren für die internationale Wettbewerbsfähigkeit der betreffenden einheimischen Branchen mit sich bringen. Und zwar vor allem dann, wenn die Kapazitätsbegrenzung mit einer Verzögerung des technischen Fortschritts erkauft werden muß. Die ohnehin begrenzten Wachstumsaussichten der deutschen Wirtschaft würden zusätzlich eingeschränkt, wenn in wichtigen industriellen Schlüsselbereichen technische Neuerungen verzögert würden oder sogar Engpaßsituationen entstehen, die dem gesamtwirtschaftlichen Wachstum zusätzliche Grenzen setzen müßten. Im übrigen ist nicht zu bestreiten, daß nicht nur die Branchenausschüsse in den Sektoren mit homogener Massenproduktion kartellartige Züge tragen. Der ganze indikative Apparat des Rahmenplans mit seinen Räten und Ausschüssen wirkt wie eine riesige kartellartige Käseglocke, die über die gesamte Industriestruktur gestülpt wird und sich lähmend auf dynamische Kräfte und Initiativen auswirken müßte. Der Wettbewerb als zentrales Steuerungsinstrument der Marktwirtschaft könnte dadurch entscheidend geschwächt werden.

Noch eine abschließende Bemerkung zur ordnungspolitischen Problematik der öffentlichen Investitionsmeldestellen. Soll die höhere Transparenz der Investitionsplanungen investitionshemmend wirken, müßte sich dies für die wirtschaftlichen und sozialen Zukunftschancen der Bundesrepublik verhängnisvoll auswirken. Die noch größere Gefahr aber besteht wohl darin, daß aus dem Anmeldeverfahren für Investitionsplanungen in der zweiten Stufe ein Genehmigungsverfahren wird, zumindest aber der öffentlichen Meldestelle die Möglichkeit eingeräumt wird, Auflagen zu erteilen und auf die Investitionsentscheidungen Einfluß zu nehmen. Dies liegt um so näher, als die öffentliche Meldestelle mit ihren Informationen durchaus in der Lage wäre, die angemeldeten Investitionspläne an den Zielgrößen des indikativen Rahmenplanes zu messen. Repartierung der Investitionspläne zur Vermeidung von Übererfüllungen der gesetzten Ziele oder zusätzliche Investitionsreize zur Erfüllung der „Soll-Ziffern“ wären die dann naheliegenden Konsequenzen auf drohende „Über- bzw. Unterinvestitionen“. Mit dieser Aufzählung möglicher, in der Logik der Sache angelegten Tendenzen und Gefahren sollen die gewerkschaftlichen Vorstellungen zur Investitionslenkung nicht überinterpretiert werden. Immerhin zeigen sie, wie dünn die Wand sein kann, die indirekte Investitionslenkung von imperativer Investitionsplanung trennt.

Dokumentarischer Anhang

1. *Beschlüsse der Jungsozialisten zur demokratischen gesamtwirtschaftlichen Planung und Lenkung auf dem Ordentlichen Bundeskongreß der Jungsozialisten in der SPD in München vom 25. bis 27. 1. 1974*

2. *Aussagen zur Investitionslenkung im Zweiten Entwurf eines ökonomisch-politischen Orientierungsrahmens der SPD für die Jahre 1975 bis 1985, verabschiedet vom Vorstand der SPD am 1. 2. 1975*

3. *Beschlüsse zur Investitionslenkung auf dem 10. Ordentlichen DGB-Bundeskongreß in Hamburg vom 25. bis 31. 5. 1975*

4. *Äußerungen führender DGB-Repräsentanten und Politiker zur Investitionslenkung auf dem 10. Ordentlichen DGB-Bundeskongreß in Hamburg vom 25. bis 31. 5. 1975*

1. Beschlüsse der Jungsozialisten zur demokratischen gesamtwirtschaftlichen Planung und Lenkung auf dem Ordentlichen Bundeskongreß der Jungsozialisten in der SPD in München vom 25. bis 27. 1. 1974

III. b) Die Forderung nach demokratischer gesamtwirtschaftlicher Planung und Lenkung

Die Forderung nach demokratischer gesamtwirtschaftlicher Planung und Lenkung findet den am weitestgetriebenen Ansatz in der gesellschaftlichen Diskussion in der Forderung nach demokratischer Investitionslenkung und in der Forderung nach Vergesellschaftung von Schlüsselindustrien und des Bankensektors. Diese Forderungen sind nicht alternativ. Zur Durchsetzung der Interessen der Lohnabhängigen bedarf es einer demokratischen Lenkung der gesamtwirtschaftlichen Prozesse. Diese kann am ehesten und wirksam durch direkten Einfluß auf die Struktur des Produktionsapparates gewonnen werden, d. h. durch direkten Einfluß auf die Investitionen, der u. a. über die Kreditgewährung und die Tätigkeit der Schlüsselindustrien bewirkt werden kann.

Der antikapitalistische Gehalt von direkten Einflußnahmen auf Investitionsentscheidungen hängt weitgehend davon ab, inwieweit

1. die von den Entscheidungen Betroffenen selbst die Entscheidungen beeinflussen

2. das ungehinderte „Durchschlagen" der einmal getroffenen Entscheidungen sichergestellt ist.

Der Grad antikapitalistischen Charakters solcher gesamtwirtschaftlicher Lenkungsmaßnahmen hängt im wesentlichen von dem Beteiligungsgehalt der dadurch unmittelbar und mittelbar betroffenen Lohnabhängigen ab. Erst mit der direkten oder indirekten Übernahme von Kontrollfunktionen durch die Lohnabhängigen und ihre Organisationen sind Investitionsentscheidungen nach ihren Bedürfnissen grundsätzlich möglich. Unter kapitalistischen Vorzeichen werden durch das Mittel der Investitionslenkung und -kontrolle weder Ausbeutung noch Entfremdung der Arbeitenden beseitigt. Die Gefahr systemstabilisierender Funktionen von Kontrollorganen muß erkannt werden. Sie ergibt sich verstärkt aus dem zunehmenden Bedürfnis des Kapitals nach staatlicher Intervention zur Absicherung gegen Kapitalverwertungsschwierigkeiten. Daher kann die Antwort auf die Frage nach der Bedeutung der Planung im Kapitalismus nicht in einer Übernahme bereits vorhandener Planungssysteme bestehen. Es kann nicht darum gehen, gesamtwirtschaftliche Planung und Lenkung unkritisch zu fordern, denn der geplante Kapitalismus hat mit unterschiedlicher Intensität in den verschiedenen kapitalistischen Ländern bereits begonnen.

Deshalb muß die Forderung nach Investitionslenkung nur gleichzeitig mit der Forderung nach verstärkter Politisierung und Organisierung der vom Kapital abhängigen Massen verbunden sein. Hierzu ist es wichtig, die immer wieder vom Kapital verursachten gesellschaftlichen Konflikte für die Bildung von Problembewußtsein zu nutzen. Jungsozialisten sollten im Rahmen von SPD und Gewerkschaften sowie durch die Diskussion im Betrieb und in der Öffentlichkeit die Notwendigkeit einer Kontrolle und Lenkung der Investitionen hervorheben und diese Forderung im Sinne der Juso-Vorstellungen durchsetzen.

Dabei muß der antikapitalistische Charakter der Juso-Forderungen nach Investitionskontrolle und -lenkung den abhängig Beschäftigten ersichtlich und von ihnen als notwendige Voraussetzung zur Verbesserung ihrer Lage akzeptiert werden. Nur so kann verhindert werden, daß bei der Durchsetzung der Investitionskontrolle und den mit den Unternehmen entstehenden Konflikten die Unternehmer ihre Interessen voll durchsetzen. Nur so kann erreicht werden, daß z. B. im Falle eines „Investitionsstreikes“ der Unternehmer die Lohnabhängigen in den betroffenen Betrieben die Produktion selbst in die Hand nehmen. Nur wenn es gelingt, auf breitester Ebene der Bevölkerung eine antikapitalistische Gegenmacht zu entwickeln, kann ein mit dem Kapital auszutragender Konflikt über die Veränderung derzeitiger gesellschaftlicher Machtverhältnisse erfolgreich sein.

Für gesamtgesellschaftliche Planung und Investitionslenkung ist die Einführung der Vergesellschaftung von Banken und Schlüsselindustrien notwendige Voraussetzung. Eine indirekte Investitionslenkung im Interesse der arbeitenden Bevölkerung ist unter kapitalistischen Bedingungen nicht möglich.

IV. Die indirekte Investitionslenkung

1. Das Konzept der indirekten Investitionslenkung

Der Grundgedanke der indirekten (marktkonformen, indikativen) Investitionslenkung besteht darin, die Unternehmer durch ein finanzielles Anreiz- und Belastungssystem zu einem gewünschten Investitionsverhalten zu veranlassen. Mit Hilfe von Steuern, Subventionen, Steuervergünstigungen etc. sollen die Unternehmer zu Investitionen bewegt werden, deren Höhe der konjunkturellen Situation und deren sektorale und regionale Verteilung den gesamtwirtschaftlichen Erfordernissen entspricht. Die Unabhängigkeit unternehmerischer Investitionsentscheidungen bleibt unangetastet.

Bestandteile einer indirekten Investitionslenkung sind:

a) Globale währungs-, kredit-, geld- und finanzpolitische Maßnahmen wie z. B. Wechselkurs-, Diskontsatz-, Steuerpolitik.

b) Regional-, branchen- und strukturpolitische Mittel wie z. B. Investitionsförderung, selektive Kreditvergabe etc.

c) Problemspezifische Mittel, die gesamtgesellschaftlichen Kosten- und Ertragselementen in der privatwirtschaftlichen Rentabilitätsberechnung Gewicht verschaffen sollen wie z. B. die steuerliche Belastung der Produktion besonders umweltschädlicher Güter.

2. *Kritik der indirekten Investitionslenkung*

2.1 Die Grenzen staatlicher Planung

Die Unantastbarkeit unternehmerischer Investitionsentscheidungen hat schon in der Vergangenheit zu erheblichen Ungleichgewichten und Fehlentwicklungen geführt: ungleichgewichtige Einkommens- und Vermögensverteilung, Überangebot an privaten Gütern, Unterversorgung mit öffentlichen Gütern, Verschwendung gesamtwirtschaftlicher Ressourcen, regionale und sektorale Strukturkrisen etc. Soll es trotz der offenkundigen Mängel weiterhin allein in der Entscheidungsmacht der Unternehmer stehen, wann, wo und wieviel sie investieren, so ist nachdrücklich auf die Konsequenzen aus dieser unternehmerischen Machtposition hinzuweisen.

Die Wirtschaftspolitik in einem solchen System richtet sich primär auf ein Ziel: die Unternehmer zu Investitionen zu veranlassen, von denen die gesamtwirtschaftliche Entwicklung abhängt. Denn die Investitionstätigkeit bestimmt den Umfang der Produktion, die Höhe des Einkommens und die Zahl der Arbeitsplätze. Die Investitionsneigung der Unternehmer kann aber nur geweckt werden, wenn die Gewinnerwartungen der Unternehmer gesteigert werden. Das System funktioniert also nur, wenn den Unternehmern vom Staat Sondervorteile in Form von Steuervergünstigungen, Investitionshilfen, Subventionen etc. eingeräumt werden als „Tribut" dafür, daß sie weiter investieren.

Aus dem Verzicht auf einen Eingriff in die Autonomie der Unternehmensentscheidungen und Steuerung allein über gewinnsteigernde Investitionsanreize ergibt sich folgendes Dilemma: Entweder werden die Angebote des Staates von den Unternehmern nicht angenommen, dann ist die Steuerung hinfällig, oder die Angebote sind so attraktiv, daß sie angenommen werden, dann verliert die Steuerung insofern ihre Autonomie, als sie sich nach den Zielen der zu Steuernden richten muß. Das aber bedeutet, die Lenkung der Investitionen hat sich nicht nach gesellschaftlichen Bedürfnissen, sondern prinzipiell nach den Absatz- und Gewinnerwartungen der Unternehmer zu richten.

Das Konzept der indirekten Investitionslenkung trägt also keineswegs dazu bei, die Abhängigkeit der gesamten Gesellschaft von den privaten Kapitalnutzungsinteressen zu mindern oder aufzuheben.

2.2 Auswirkungen auf die Konjunkturpolitik

Die zyklischen Krisen im marktwirtschaftlichen System entstehen aus dem Mißverhältnis zwischen den im Wirtschaftsaufschwung unkoordiniert vergrößerten Produktionskapazitäten und den vergleichsweise beschränkt bleibenden Absatzchancen für die mit den vermehrten Produktionsmitteln hergestellten Produkte. Die Ursache der zyklischen Krisen ist letztlich in der privaten Verfügung über die Produktionsmittel zu sehen, die eine planvolle Koordination der einzelnen Investitionen und ihre Abstimmung mit den gesellschaftlichen Bedürfnissen vereitelt. Auch im Konzept der marktkonformen Investitionslenkung werden Plankorrekturen erst dann vorgenommen, wenn Engpässe oder Überkapazitäten entstanden sind. Engpässe aber bedeuten Minderversorgung, steigende Preise und entsprechende Gewinne, Überkapazitäten aber gefährden Arbeitsplätze und vergeuden Produktionsmöglichkeiten.

2.3 Auswirkungen auf die Konzentration

Die Vergangenheit hat gezeigt, daß die staatliche Geld- und Kredit-, Finanz- und Währungspolitik als Nebeneffekt die Vermachtung insbesondere die multinationalen Unternehmen gefördert hat. Denn die unternehmerischen Möglichkeiten, sich durch Selbstfinanzierung Verbindung zu internationalen Geldmärkten, Veränderung interner Verrechnungspreise etc. den wirtschaftspolitischen Maßnahmen des Staates zu entziehen, wachsen mit der Unternehmensgröße. Daher wird ein reiner Ausbau des bestehenden ökonomischen Anreiz- und Belastungssystems den Konzentrationsprozeß noch beschleunigen. Schon heute aber hat die Kapitalkonzentration einen Grad erreicht, der es den Unternehmen ermöglicht, ihre Preise selbst in einer konjunkturellen Abschwungphase zu erhöhen.

Darüber hinaus wächst durch die Zunahme der ökonomischen Macht den Verfügungsberechtigten nicht legitimierte politische Macht zu. Sie wird ausgeübt z. B. durch finanzielle Zuwendungen an Parteien und Politiker, durch Einfluß auf die Presse (Abhängigkeit von Anzeigen), durch Investitionspolitik (Drohung mit Investitionsverweigerung), durch Standortpolitik (Abhängigkeit der Kommunen) etc.

2.4 Die Auswirkungen der Finanzpolitik

Das Konzept der antizyklischen Finanzpolitik zwingt den Staat, seine Ausgaben nicht von den gesellschaftlichen Notwendigkeiten abhängig zu machen, sondern an den Konjunkturverlauf anzupassen. Bleibt es weiterhin einzelnen Unternehmen überlassen zu entscheiden, wieviel und in welchen Branchen sie investieren – wie es die indirekte Investitionslenkung vorsieht – so wird auch in Zukunft der Staat in die Rolle des Lückenbüßers gedrängt: der Spielraum für die Finanzierung von Reformvorhaben wird bestimmt durch die Produktionskapazitäten, die ihm die Unternehmer zugestehen. Das Gefälle zwischen privatem Reichtum und öffentlicher Armut wird weiter zunehmen. Gerade die Wirksamkeit der indirekten Investitionslenkung hängt von einer konjunkturunabhängigen Finanzpolitik ab. Denn entweder kann versucht werden, mit Hilfe von Steuern und Ausgaben Höhe und Struktur der Investition zu lenken oder Konjunkturpolitik zu betreiben. Beide Ziele werden sich in der Regel nicht verfolgen lassen.

2.5 Die Auswirkungen auf die Einkommens- und Vermögensverteilung

Da die Unternehmer jeden lohnpolitischen Erfolg mit Preis- und Investitionsentscheidungen korrigieren können, kann die Verteilung des Volkseinkommens durch Lohnerhöhungen nicht zugunsten der abhängig Beschäftigten verbessert werden. Die bisherigen Erfahrungen zeigen, daß sie autonome Investitionsentscheidungen und eine Erhöhung der Einkommen der Unselbständigen am gesamten Volkseinkommen ausschließen. Die indirekte Investitionslenkung wird an dieser Situation nichts ändern.

Die indirekte Lenkung wird nicht ohne negative Auswirkungen auf die Versorgung mit öffentlichen Gütern und auf die Einkommens- und Vermögensverteilung bleiben. Denn die vom Staat für die gewünschte Verhaltensweise der Unternehmen gezahlten finanziellen Mittel wie Prämie, Subventionen, Steuererleichterungen usw. fehlen für Krankenhäuser, Schulen, Kindergärten und erhöhen außerdem einseitig die Gewinne. Das schon bestehende Subventionsdickicht wird noch undurchsichtiger und noch schwerer zu kontrollieren.

2.6 Soziale Kosten

Die Vorleistungen von Staat und Gesellschaft wie z. B. der Straßenbau, die Ausbildung von Arbeitskräften, bleiben aus der privatwirtschaftlichen Kalkulation und Organisation des Produktionsprozesses ausgeklammert. Auch die Umwelt ist dem privatökonomischen Kalkül unterworfen: private Aneignung der „freien" Umweltfaktoren (z. B. Luft und Wasser) und gesellschaftliche Belastung (Beseitigung der Umweltverschmutzung). Diesem Umstand soll im Rahmen der indirekten Investitionslenkung durch Kostenbelastung der Unternehmen Rechnung getragen werden (Verursacherprinzip). Bei dieser Lösungsvariante bleiben die Gewinne der Unternehmer unangetastet. Denn es wird bei der vorhandenen Marktmacht der Unternehmen nicht schwer fallen, die lästigen sozialen Kosten wie z. B. Umweltkosten durch Preispolitik weiterzugeben: Verursacherprinzip und Verbraucherbelastung fallen zusammen. Die Fehlleitung von Produktionsmitteln bleibt weiter bestehen.

2.7 Auswirkungen auf die Regional- und Strukturpolitik

Die zahlreichen Wirtschaftsförderungsmaßnahmen wie Beschaffung von Grundstücken zu Vorzugs- oder Symbolpreisen, die Bereitstellung öffentlicher Mittel, Zinssubventionen etc. haben gezeigt, daß eine indirekte Investitionslenkung i. d. R. dort erfolgreich war, wo sie ohnehin mit den Unternehmensinteressen übereinstimmte. Trotz massiver Anreize ist es nicht gelungen, das Wohlstandsgefälle zwischen Stadt und Land zu mildern. Dieser Mißerfolg wird sich bei einer noch zu entwickelnden Strukturpolitik, die sich ebenfalls nur auf Anreize und Belastung beschränkt, wiederholen. Denn nicht staatliche Anreize, sondern Gewinn- und Absatzerwartungen werden die Produktionsstruktur maßgeblich bestimmen. Die Produktion von gesellschaftlich nicht erwünschten Gütern wird so lange nicht verhindert werden können, wie den Unternehmern die Überwälzungsmöglichkeit von Belastungen bleibt.

Zusammenfassung:

Die indirekte Investitionslenkung bedeutet:

- den Zwang zur Orientierung der staatlichen Politik an den Gewinnerwartungen der Unternehmer
- das Entstehen von Engpässen und Überkapazitäten
- eine Zunahme des Konzentrationsprozesses
- eine verstärkte Konjunkturabhängigkeit öffentlicher Einnahmen und Ausgaben
- eine zusätzliche Belastung des öffentlichen Haushalts
- eine ungerechtere Einkommens- und Vermögensverteilung
- die Nichtberücksichtigung sozialer Kosten
- eine wirkungslose Regional- und Strukturpolitik.

Fazit:

Sollen die Krisen des marktwirtschaftlichen Systems nicht auf dem Rücken der Lohnabhängigen und Unterprivilegierten ausgetragen werden, so müssen andere Modelle der Investitionslenkung entwickelt werden. Dabei muß auch die Eigentumsfrage gestellt werden.

Die Investitionskontrolle und direkte Investitionslenkung

In der gegenwärtigen Diskussion wird eine Form von Investitionslenkung vorgeschlagen, die in ihrem Kern auf der Konstruktion eines Instrumentariums zur Beeinflussung von Investitionen durch direkte Einwirkung über ein Genehmigungsverfahren beruht. Eine Behörde, das Investitionskontrollamt, die ähnlich dem Bundeskartellamt konzipiert sein soll, soll in einem Genehmigungsverfahren über Investitionen entscheiden, für die eines der folgenden Kriterien erfüllt ist

- umweltbelastend und andere Sozialkosten verursachend
- Inanspruchnahme von sozialer und materieller Infrastruktur
- wegen der Höhe und/oder Typ der Investition von gesamtwirtschaftlich strukturbestimmender Bedeutung
- Produktionen, die aus strukturpolitischen Gründen schrumpfen sollen

Da die Planungsinitiative bei den Unternehmen bleibt, entsteht die Frage, wie

- Investitionen geplant werden, die zwar notwendig sind, aber nicht von den Unternehmen vorgeschlagen werden
- wie die öffentlichen mit den privaten Investitionen abgestimmt werden
- wie die Behörde entscheiden soll, wenn mehr Investitionen angemeldet werden, die alle wünschbar sind
- Investitionen mit dem Ziel der Ausschaltung der Konkurrenz verhindert werden (sektorale Strukturpolitik)
- Konzentration der Investitionen auf Gebiete mit günstiger Bedingung für die private Kapitalverwertung (regionale Strukturpolitik) umgelenkt werden.

Da die ökonomische Tätigkeit der Großkonzerne nach wie vor im kapitalistischen Verwertungsinteresse erfolgt, ist die Auffassung, daß ein Investitionskontrollamt reaktiv für die Interessen der arbeitenden Bevölkerung und gegen die Interessen der Großkonzerne handeln könne, illusionär und entspringt einer falschen Einschätzung staatlicher Möglichkeiten ohne Veränderung der Produktionsverhältnisse. So ist es nur realistisch, wenn im Konzept des Investitionskontrollamtes darauf hingewiesen wird, daß es „legale Absprachen von Investitionsvolumen zwischen konkurrierenden Unternehmen ermöglichen soll". Die Schlußfolgerung dieses Modells, daß „eine institutionalisierte Koordination der praktizierten Langfristplanung von Staat und Großunternehmen eine sinnvolle Fortentwicklung der bisherigen Praxis darstellt", macht deutlich, daß bei Beibehaltung der privaten Verfügungsgewalt über Großbanken und Großkonzerne erwartet werden muß, daß alle Maßnahmen zur Investitionskontrolle sich nur als Koordination monopolistischer Wirtschaftsstrategie erweisen. Erst in Zusammenhang mit dem Überschreiten einer Mindestschwelle der Vergesellschaftung, also auf Grundlage der Vergesellschaftung der Schlüsselindustrien (Energie, Stahl, Chemie, Elektronik, Rüstungsindustrie) und des Kreditwesens kann ein System planvoller Investitionslenkung im Interesse der arbeitenden Bevölkerung entscheidende Wirkungen erzielen. Dabei heißt Vergesellschaftung:

Übernahme des Eigentumstitels und Übernahme der Verfügungsgewalt durch gesellschaftlich kontrollierte Organe, die durch die im Unternehmen beschäftigten Arbeitnehmer, ihre Gewerkschaften und Gebietskörperschaften beschickt werden. Bei der direkten Investitionslenkung in diesem Rahmen wird ein verbindlicher, gesamtwirtschaftlicher Investitionsplan erstellt, der alle öffentlichen und privaten Investitionen in einer sektoralen Aufgliederung enthält. Außer bei allen wichtigen Großprojekten, erfolgt die Durchführung der Investitionen dezentral, im öffentlichen Bereich durch Länder und Gemeinden; Investitionen im privaten Bereich außerhalb der vergesellschafteten Großkonzerne werden durch die Kreditvergabe gelenkt, indem für jeden Sektor nur eine bestimmte Kreditsumme zur Verfügung steht.

Der verbindliche gesamtwirtschaftliche Investitionsplan ist integrierter Bestandteil der längerfristigen volkswirtschaftlichen Rahmenplanung, der die Grundlage für die öffentliche Wirtschafts- und Sozialpolitik darstellt.

Die Erstellung der volkswirtschaftlichen Rahmenplanung ist die Aufgabe von gewerkschaftlich bestimmten Selbstverwaltungs-Planungs-Kommissionen. Diese arbeiten auf der Grundlage einer volkswirtschaftlichen Gesamtordnung, die Stand und Entwicklung der Waren-, Güter- und Investitionsströme deutlich macht. Eine derartige demokratische Planung stellt die Durchbrechung des kapitalistischen Verwertungsprinzips dar. Damit ist die Frage nach den politischen Voraussetzungen der Planung gestellt. Planung als Negation des Kapitalismus ist nur gegen den erbitterten Widerstand des Kapitals durchsetzbar. Sie hat damit die Erringung der politischen Macht der Arbeiterklasse zur Voraussetzung.

2. Aussagen zur Investitionslenkung im Zweiten Entwurf eines ökonomisch-politischen Orientierungsrahmens der SPD für die Jahre 1975 bis 1985, verabschiedet vom Vorstand der SPD am 1. 2. 1975

2.6 Markt und Lenkung

2.6.1 Um die Ziele sozialdemokratischer Wirtschaftspolitik zu erreichen, bedarf es geeigneter Instrumente staatlicher Beeinflussung und Förderung, Planung und Lenkung des Wirtschaftsprozesses.

Ausbau und Anwendung derartiger Instrumente werden von den konservativen Kräften als Verletzung der als marktwirtschaftlich bezeichneten Wirtschaftsordnung bekämpft, obwohl staatliche Lenkung und Planung seit langem auch zu unserer Wirtschaftsordnung gehören. Unsere Wirtschaftsordnung ist – wie die der meisten westlichen Industrieländer – eine gemischte Wirtschaftsordnung, in der sowohl autonome Marktmechanismen als auch staatliche Planung und Lenkung ihren Platz haben.

Es sind besonders folgende Probleme und Bereiche, für die das Steuerungsinstrument „Markt" nicht ausreicht:

- Der sich selbst überlassene Markt neigt zur Aufhebung des Wettbewerbs, wie die zunehmende Vermachtung zahlreicher Märkte durch Konzerne und Kartelle zeigt.
- Der Markt kann nur Bedürfnisse befriedigen, die sich in kaufkräftiger Nachfrage ausdrücken. Die Verteilung der Güter durch den Markt ist nur insoweit gerecht, als die Einkommensverteilung gerecht ist.
- Der Markt versagt bei der Bereitstellung von Infrastrukturleistungen, denen heute eine steigende Bedeutung zur Befriedigung gesellschaftlicher Bedürfnisse zukommt.
- Oft kann eine ökonomisch sinnvolle Produktion aus technischen Gründen nicht in konkurrierenden Unternehmen hergestellt werden. In anderen Fällen führt ein ungesteuerter Wettbewerb zu instabilen oder ruinösen Marktverhältnissen.

- Der Markt ist ein gegenwartsbezogenes Instrument der Produktionsabstimmung; auf zukünftige Entwicklungen stellt er sich nur insofern ein, wie sich diese schon in der absehbaren Nachfrageentwicklung niederschlagen. Deshalb kann die Entwicklung zukunftsträchtiger Branchen oder die Schrumpfung bestimmter Produktionen nicht allein den Marktkräften überlassen bleiben.
- Der Markt als Ordnungsprinzip ist rücksichtslos und bedarf in vieler Hinsicht der sozialen Korrektur. Ziel sozialdemokratischer Wirtschaftspolitik ist daher marktwirtschaftliche Ordnung mit rigoroser gesetzlicher Regelung des Wettbewerbs und strikter Sozialbindung.

Das Prinzip der Marktwirtschaft steht und fällt mit der Frage, ob, wie und in welchem Umfang es gelingen kann, durch Wettbewerbsförderung und durch die Kontrolle vermachteter Märkte den Vorrang der Nachfrage bei der Bestimmung der einzelwirtschaftlichen Entscheidungen durchzusetzen. Diese Frage läßt sich gegenwärtig nicht mit genügender Sicherheit beantworten, auch deshalb nicht, weil die Bundesrepublik von einem konsequenten Einsatz der möglichen Instrumente staatlicher Wettbewerbspolitik und Monopolkontrollen noch weit entfernt ist.

Mit der Beantwortung dieser Frage nach der Durchsetzbarkeit ausreichenden Wettbewerbs entscheidet sich zugleich die Frage, in welchem Maße die öffentliche Wirtschaftspolitik sich auf die Mittel einer indirekt steuernden Marktbeeinflussung beschränken kann. Je mehr sich die Entwicklung des Sozialprodukts nach den Interessen der privaten und der staatlichen Endnachfrage richtet, desto mehr reicht eine Globalsteuerung, verbunden mit einer mittel- und langfristig orientierten Strukturpolitik, aus. Je mehr dagegen das Prinzip des Wettbewerbs an Boden verliert, desto mehr wird die staatliche Wirtschaftspolitik gezwungen sein, die indirekte Steuerung über die Nachfrage durch direkte Einflußnahme auf die wirtschaftlichen Entscheidungen großer Unternehmen zu ergänzen.

Da der gegenwärtige Erkenntnisstand eine ausreichende Urteilssicherheit nicht zuläßt, verbietet es sich, die richtigen Formen und Dimensionen öffentlicher Wirtschaftslenkung abschließend zu bestimmen. Der angemessene Weg zur Klärung dieser Frage sozialdemokratischer Politik ist vielmehr eine politische Praxis als gemeinsamer Lernprozeß, die sich unter konsequenter Nutzung aller geeigneten Instrumente auf die Bekämpfung unternehmerischer Marktbeherrschung konzentriert und zugleich das System indirekter Wirtschaftslenkung ausbaut.

2.6.2 Die Steuerung der Produktion nach der Rentabilität des eingesetzten Kapitals führt vielfach zu Ergebnissen, die gesellschaftlich nicht hingenommen werden. Hier muß ein gewandelter Rentabilitätsbegriff angewendet werden können, der die gesellschaftlichen Wirkungen und Interessen angemessen berücksichtigt. Das bedeutet, daß auf der einen Seite das Prinzip der Produktion unter Minimalkosten auf jeden Fall gesichert wird, daß andererseits aber die vom Staat zu setzenden Rahmenbedingungen privater Produktion die sozialen Kosten berücksichtigen müssen und daß durch wirksamen Wettbewerb die Gewinne in Grenzen gehalten werden.

Öffentliche Unternehmen sollten als Instrumente dort eingesetzt werden, wo die Prinzipien der Gegenmacht oder der Gemeinwirtschaftlichkeit dies gebieten, private Initiative fehlt oder übergroße Risiken bei anerkanntem gesellschaftlichen Bedarf vorliegen. Dabei sind die Ziele eindeutig festzulegen. Auch wenn auf Gewinnerzielung verzichtet wird, muß das Prinzip der Kostenminimierung gelten.

2.6.3 Die Überführung von Produktionsmitteln in Gemeineigentum kann zwar im Einzelfall ein notwendiges Mittel zur Durchsetzung gesamtgesellschaftlicher Interessen sein. „Wo mit anderen Mitteln eine gesunde Ordnung der wirtschaftlichen Machtverhältnisse nicht gewährleistet werden kann, ist Gemeineigentum zweckmäßig und notwendig." (Godesberger Programm) Wir dürfen aber nicht der Selbsttäuschung erliegen, daß mit der bloßen Überführung bestimmter Unternehmen oder Unternehmensbereiche in Gemeineigentum die Fragen einer dem gesamtgesellschaftlichen Interesse dienenden Politik gelöst würden. Durch Änderung des Eigentumstitels wird an dem Problem der mangelnden Übereinstimmung zwischen gesellschaftlichen Bedürfnissen und autonomen Entscheidungen der einzelnen Wirtschaftseinheiten nichts geändert, wie die

Erfahrungen anderer Wirtschaftsordnungen zeigen. Die Konkurrenz oder aber die Kartellierung vergesellschafteter Wirtschaftseinheiten würde ebensowenig Rationalität erzeugen, wie die Eigendynamik der privaten Marktkräfte in ihrer internationalen Verflechtung sie bisher erzeugt hat.

Das gilt auch für mitbestimmte Unternehmen. Die Mitwirkung von Arbeitnehmervertretern, insbesondere auch von nichtunternehmensangehörigen Arbeitnehmervertretern im Aufsichsrat, kann zwar zu einer Einschränkung des Mißbrauchs wirtschaftlicher Macht beitragen. Sie kann aber nicht die Funktion wirtschaftspolitischer Koordinierung und Lenkung durch den Staat überflüssig machen.

2.6.4 Die Mitbestimmung im Unternehmen sowie darüber hinaus das Gemeineigentum an Unternehmen – wenn nach den Kriterien des Grundsatzprogramms „zweckmäßig und notwendig" –, können jedoch das Programm einer vernünftigen Koordinierung und Lenkung der Volkswirtschaft vereinfachen. Außerdem kann durch diese Veränderungen in den einzelnen Wirtschaftseinheiten ein gewandelter Rentabilitätsbegriff als Erfolgskriterium wirksam werden. Hierdurch kann das Verhalten der einzelnen Wirtschaftseinheiten leichter und ohne ein Übermaß an Geboten und Verboten mit dem Interesse an einer vernünftigen Abstimmung der volkswirtschaftlichen Gesamtentwicklung in Übereinstimmung gebracht werden. Die Bedeutung der Mitbestimmung für die Demokratisierung der Entscheidungsstrukturen im Unternehmen und im Betrieb im Sinne der Selbstbestimmung der in Betrieb und Unternehmen arbeitenden Menschen bleibt von diesen Feststellungen unberührt.

2.6.5 Unter dem Stichwort „Investitionslenkung" werden mit zunehmender Intensität Möglichkeiten diskutiert, die Investitionsentscheidungen der Unternehmen zum Zwecke der gesamtwirtschaftlich erwünschten Steuerung stärker als bisher zu beeinflussen.

Für alle in diese Richtung zielenden Maßnahmen gilt der Satz des Godesberger Programms: „Freie Konsumwahl und freie Arbeitsplatzwahl sind entscheidende Grundlagen, freier Wettbewerb und freie Unternehmerinitiative sind wichtige Elemente sozialdemokratischer Wirtschaftspolitik."

Die realistische Beurteilung der staatlichen Handlungsmöglichkeiten und Handlungskapazitäten zwingt uns dazu, beim Ausbau des staatlichen Steuerungspotentials ebenso realistisch vorzugehen, d. h. uns auf das Notwendige und Machbare zu beschränken, aber auch die Grenzen des Machbaren durch politische Aufklärungsarbeit und strukturelle Reformen zu erweitern.

Die vordringliche Aufgabe besteht in einem systematischen Ausbau des Instrumentariums zur wirtschaftlichen Diagnose und Prognose und in einer Verbesserung der öffentlichen Planungsorganisation. Mit Hilfe besserer und stark differenzierter Prognosen der mittel- und langfristigen Entwicklung wird das schon bestehende Instrumentarium erfolgreicher eingesetzt und die Voraussetzung für den sinnvollen Einsatz neuer Instrumente geschaffen.

Die bislang sehr beschränkte Fähigkeit von Politik und Verwaltung zur Informations- und Problemverarbeitung und die Unsicherheiten der Diagnose und Prognose haben dazu geführt, daß das bereits vorhandene Instrumentarium nur in oft unzureichender Weise eingesetzt wurde und daß die öffentlichen Planungsträger mit den ihnen übertragenen Aufgaben häufig überfordert sind (mittelfristige Finanzplanung, langfristige Infrastrukturplanung).

Es ist daher eine vordringliche Aufgabe sozialdemokratischer Politik, durch Verbesserung von Organisation, Verfahren und Koordination die Planungsfähigkeit des Staates systematisch zu erhöhen. Fachübergreifende Aufgaben (Umwelt, Raumordnung, Wirtschaftsstruktur, Einkommensverteilung usw.) sollen dabei stärker berücksichtigt werden. Die Verwaltung braucht dafür vorrangig eine bessere – und zum Teil neue – Qualifizierung der Mitarbeiter.

Zugleich müssen wir uns darauf konzentrieren – nicht zuletzt im Interesse unserer Glaubwürdigkeit –, praktikable Anwendungskriterien und -maximen für den Einsatz vorhandener Instrumente zu entwickeln und auf deren Anwendung zu achten.

Bei der herkömmlich getroffenen Unterscheidung zwischen indirekter und direkter Investitionslenkung geht es nicht um einen Gegensatz, sondern um eine abgestufte Skala von Instrumenten, deren dosierter Einsatz zeitlich, sachlich und in der Eingriffstiefe in jedem Einzelfall sorgfältig geprüft werden muß.

Im Rahmen einer indirekten Investitionslenkung werden den einzelwirtschaftlichen Entscheidungen Daten gesetzt durch Steuern, Anreize, Bereitstellung oder Verweigerung öffentlicher Leistungen, wobei diese Datensetzung den einzelwirtschaftlichen Entscheidungsspielraum u. U. erheblich einengen kann (etwa bei Ansiedlungverboten, Umweltschutzauflagen, Qualitätsnormen usw.). Die letztverantwortliche Investitionsentscheidung innerhalb des gesetzten Rahmens verbleibt aber beim Unternehmen.

Besondere Bedeutung im Rahmen einer indirekten Investitionslenkung hat der Ausbau der Landesentwicklungspläne und des Bundesraumordnungsprogramms zu einem langfristigen staatlichen Infrastrukturkonzept. Die Beeinflussung der privaten Investitionen in der gesamtwirtschaftlich erwünschten Richtung erfordert vorweg eine planvolle und umfassend koordinierte Ausrichtung der öffentlichen Investitionen. Die Zusammenfassung aller Anstrengungen zum Ausbau der Infrastruktur in einem langfristigen Infrastrukturkonzept, das die einzelnen Sektoren der Infrastruktur miteinander verzahnt und Rück- und Wechselwirkungen aufzeigt, ist eine vordringliche Aufgabe der Wirtschaftspolitik.

Von einem solchen – zwischen Bund, Ländern und Gemeinden abgestimmten – Infrastrukturkonzept würden entscheidende Orientierungshilfen für die einzelwirtschaftlichen Investitionsentscheidungen ausgehen. Im übrigen kann der Staat mit entsprechenden Veränderungen des Datenkranzes Richtung und Qualität der gewerblichen Produktion weitgehend beeinflussen (vom Umweltschutz und Standortauflagen bis zur Arbeitsschutzgesetzgebung).

Werden Umweltschutzauflagen mit gezielter Zurechnung der sozialen Folgekosten kombiniert, ergibt sich hieraus über die Qualitätsverbesserung der einzelnen Produktionsbedingungen hinaus ein regulierendes Element für die regionale Verteilung der Produktionsstätten.

Dieses langfristige Infrastrukturkonzept wäre zu ergänzen durch den Maßnahmenkatalog der regionalen und sektoralen Strukturpolitik einschließlich der Forschungs-, Innovations-, Berufsbildungs-, Rohstoff- und Energiepolitik. Das Infrastrukturkonzept würde damit zu einem Bundesentwicklungsplan erweitert, der auch entscheidende Daten für die gewerblichen Investitionen enthalten würde. Dieser gesamtwirtschaftliche Rahmen würde Umfang, Richtung und Qualität der Produktionsströme genügend beeinflussen, der einzelwirtschaftlichen Entscheidung aber den für die wirtschaftliche Dynamik unentbehrlichen Freiheitsspielraum belassen. Anders ausgedrückt: Er würde dem Markt überlassen, was er besser leisten kann als staatliche Planung, gleichzeitig aber die Grundrichtung der Produktion im gesamtwirtschaftlich erwünschten Sinne beeinflussen.

Dabei müssen wir beachten, daß bei einer mit Anreizen arbeitenden indirekten Investitionslenkung mit großer Wahrscheinlichkeit zwei Zielkonflikte auftreten: Einmal engt eine finanzielle Förderung privater Investitionen den Spielraum öffentlicher Haushalte für die anderen wichtigen gesellschaftlichen Ziele finanziell ein; zum anderen fördert sie in der Regel die Konzentration der Einkommen und Vermögen.

Die Rahmensetzung für die private Wirtschaftstätigkeit kann strukturelle Fehlentwicklungen und unerwünschte Wirkungen nicht völlig verhindern; auch dann nicht, wenn sie konsequent angewandt wird und auf systematischer Diagnose der wirtschaftlichen Abläufe beruht. In diesem Fall ist der Einsatz weiterer Instrumente zu erproben. Solche Instrumente gibt es schon:

- Anzeigepflicht für Investitionen bestimmten Umfangs, bestimmter Art oder an bestimmten Standorten (wie z. B. im Baurecht);

– Feststellungen autorisierter öffentlicher Planungsträger gegenüber einzelnen privaten Unternehmungen, ob und inwieweit Investitionen unerwünschte oder schädliche Folgen hervorrufen könnten;
– Investitionsauflagen als einschränkende Bedingungen, ohne deren Beachtung eine Investition nicht zugelassen wird (bau-, gemeinde- und umweltrechtliche Genehmigungsvorbehalte);
– Investitionsverbote (z. B. Ansiedlungsverbote, u. U. wäre das Produktionsverbot angemessener).

Sollen Instrumente dieser Art in einer konkreten Situation angewendet werden, muß eine eingehende Analyse vorausgehen, die die Ausrichtung der jeweiligen Maßnahmen vor allem an folgenden Grundsätzen gewährleistet:

– Ersatzlösungen für bisher dezentrale, insbesondere marktmäßig organisierte Regelsteuerungen dürfen nicht nur theoretisch entworfen und ihre Anwendung gefordert werden. Wir müssen auch dafür sorgen, daß sie mit unseren organisatorischen Kapazitäten nach operationalen Zielsetzungen tatsächlich politisch gesteuert werden können. Andererseits müssen wir uns Instrumente schaffen und anwenden, um dezentrale Prozesse neu zu organisieren und ihren Ablauf innerhalb des gewünschten Rahmens zu sichern. Zu diesem Zweck muß die bislang beschränkte Handlungsfähigkeit der schwerfälligen staatlichen Verwaltung verbessert werden.
– Ausgehend von der beschränkten Handlungsfähigkeit der staatlichen Verwaltung müssen wir uns auf die Probleme konzentrieren, die mit überschaubarem Einsatz der Mittel in überschaubaren Zeiträumen sinnvoll in Angriff genommen werden können.
– Nur solche dezentralen Regelungsmechanismen dürfen ersetzt werden, die sich eindeutig nicht bewährt haben, die zu nicht annehmbaren Ergebnissen führen und auch durch Veränderung der Rahmenbedingungen und indirekte Kontrolle nicht wirksam gesteuert werden können. Umgekehrt muß ebenso gelten, daß auch zentralgesteuerte Prozesse nicht ohne den Nachweis ihrer Funktionsuntüchtigkeit und der Ersetzbarkeit durch zweckmäßigere Lenkungsinstrumente dezentralisiert werden.

Die begrenzten Steuerungskapazitäten unserer staatlichen und gesellschaftlichen Ordnung zwingen uns dazu, über den Einsatz von Instrumenten zur Beeinflussung privater Investitionstätigkeit nach nüchterner Zweckmäßigkeit zu entscheiden. Dies unterstreicht auch den instrumentellen Charakter der marktwirtschaftlichen Steuerung.

Instrumente kann man nicht als Glaubensbekenntnis behandeln, sie müssen vielmehr nüchtern ausgelotet, erprobt und gegeneinander abgewogen werden.

Wir müssen uns darum bemühen, die Steuerungsmechanismen schrittweise fortzuentwickeln.

2.6.6 Im Zusammenhang mit der Investitionslenkung ist auch der Vorschlag gemacht worden, das Bankwesen zu verstaatlichen, um mit Hilfe der Kreditvergabe die privaten Investitionen steuern zu können.

Abgesehen von der Tatsache, daß, unbeschadet besonderer Kreditvergünstigungen durch staatliche oder gemeinwirtschaftliche Kreditinstitute, eine generelle, regionale und sektorale Differenzierung der Kreditkonditionen in großem Maßstab schon technisch unmöglich sein dürfte, weil sie in einem offenen Wirtschaftsraum jederzeit unterlaufen werden kann, ist eine Neuordnung des Bankensektors möglich, mit der die dort bestehenden Probleme auch ohne Verstaatlichung lösbar sind:

- Die Bundesbank ist gesetzlich auf alle Ziele des Stabilitäts- und Wachstumsgesetzes festzulegen. In diesem Rahmen ist sie autonom, wird aber auf die Einhaltung der gesetzlichen Vorschriften hin überwacht.
- Die Bankaufsicht ist wesentlich zu verschärfen. Dies gilt insbesondere für spekulative Anlagegeschäfte wie den Devisenterminhandel. Das System der Universalbank sollte abgeschafft werden. Die Neugliederung des Bankensektors erfolgt nach Funktionen, wobei besonders auf die Trennung von Kredit- und Anlagegeschäft zu achten ist.
- Künftig soll die Haltung oder der Erwerb von Schachtelbeteiligungen an Unternehmen melde- und genehmigungspflichtig sein, wobei die Genehmigung widerruflich ist.

- Banken darf es nicht gestattet sein, einzeln oder gemeinsam mit Hilfe des Depotstimmrechts und eigenem Aktienbesitz ein Unternehmen zu beherrschen.
- Öffentlich-rechtliche Kreditinstitute, gemeinwirtschaftliche und genossenschaftliche Unternehmen haben heute bereits 60 Prozent des Geschäftsvolumens der deutschen Banken. Hier sind die Steuerungsmöglichkeiten auszubauen und konsequenter als bisher wahrzunehmen.

2.6.7 Eine vorausschauende und mit Maßnahmen der Investitionslenkung verbundene Strukturpolitik muß durch eine Konjunktursteuerung vornehmlich über die Einnahmen- und nicht nur über die Ausgabenseite wirtschaftlich und finanziell abgesichert werden.

Eine Konjunktursteuerung über die Ausgaben hat in der aufsteigenden Phase von Konjunkturzyklen nur begrenzte Wirkung, vor allem aber verhindert oder beeinträchtigt sie ausgerechnet jene öffentlichen Investitionen (z. B. Infrastrukturinvestitionen), die für die längerfristige Zukunftssicherung ausschlaggebend sind.

Die Verstetigung des wirtschaftlichen Wachstums und die Sicherung der Vollbeschäftigung durch globale Wirtschaftspolitik und differenzierte Strukturpolitik setzen eine erfolgreiche Bewältigung des Inflationsproblems durch konsequente Bekämpfung seiner Ursachen voraus. Dabei ist die Bekämpfung von Wettbewerbsbeschränkungen von entscheidender Bedeutung.

Zugleich erfordert eine solche Politik eine verbundene Aufgaben- und Finanzplanung von Bund, Ländern und Gemeinden. Dieser Ausbau der Planungs-, Lenkungs- und Koordinierungs- sowie Kooperations-Kapazität muß aber begleitet sein von einer Reform überholter Strukturen im Staatsapparat und im öffentlichen Dienst und von einem Ausbau der demokratischen Planungskontrolle, die eine Verselbständigung der Planungsapparaturen gegenüber der Politik verhindert.

4.1 Modernisierung unserer Wirtschaft als Grundvorausetzung langfristiger Arbeitsplatzsicherung

4.1.4 Im Interesse eines qualitativ sinnvollen wirtschaftlichen Wachstums soll die sektorale Entwicklung von Investitionen und Arbeitsplätzen künftig stärker in den Mittelpunkt der Strukturpolitik rücken.

- Sektoral differenzierte Status-quo-Prognosen sollen unter Einbeziehung der voraussichtlichen Entwicklung der internationalen Arbeitsteilung über die Entwicklungschancen der einzelnen Sektoren und über evtl. drohende strukturelle Schwierigkeiten Auskunft geben.
- Auf dieser Grundlage entwickelte Prognosen können Voraussetzungen für einen Orientierungsrahmen der privaten Wirtschaft und für eine Programmierung der Srukturpolitik liefern.
- In strukturbedrohte Wirtschaftszweige greift die Strukturpolitik vor allem ein, um bei unvermeidlich notwendigen Umstellungs- und Schrumpfungsprozessen gleichzeitig neue Arbeitsplätze zu schaffen und unerwünschte soziale Folgen zu mildern.
- Wenn allerdings gesellschaftlich unentbehrliche Wirtschaftszweige oder -unternehmen unter Marktbedingungen nicht mehr bestehen können, sind staatliche Stützungsmaßnahmen bis hin zur Übernahme in öffentliche Verantwortung erforderlich.
- Sektoren mit guten Entwicklungschancen sind insoweit zu fördern, als erwünschte Entwicklungsimpulse sich nicht oder nicht hinreichend aus eigener Kraft entfalten können.

4.1.5 Gemäß der zentralen Bedeutung der Infrastruktur (Verkehrsnetz, Bildungswesen, Energie, Gesundheit, Erholung, Umweltschutz usw.) für die regionale wirtschaftliche Entwicklung streben wir die Erstellung eines langfristigen Infrastrukturprogramms als Bestandteil eines Bundesentwicklungsplans an, welcher die Zusammenführung und Koordinierung der Infrastrukturpläne der Ressorts in Bund, Ländern und Gemeinden bewirkt.

Darüber hinaus sind Status-quo-Prognosen und Zielprojektionen der sektoralen Wirtschaftsentwicklung in die regional differenzierte Entwicklungsplanung einzubeziehen, an denen sich insbesondere die regionalen Wirtschaftsförderungsmaßnahmen zu orientieren haben. In diese Koordination der öffentlichen Hände, deren weitgehendes Fehlen bislang Wirksamkeit und Erfolg öffentlicher Wirtschaftspolitik in hohem Maße beeinträchtigt hat, sind im Sinne einer Richtlinienabstimmung die öffentlichen Wirtschaftsunternehmen sowie das öffentliche bzw. gemeinwirtschaftliche Bankwesen einzubeziehen. Die Koordinierung aller öffentlichen Institutionen und Maßnahmen darf sich aber nicht auf die Wirtschaftspolitik im engeren Sinne beschränken, sondern muß andere Schwerpunktbereiche der Gesellschaftspolitik miteinbeziehen.

4.1.6 Eine Beseitigung der Unternehmensautonomie durch eine zentrale staatliche Wirtschaftsplanung kommt wegen ihrer vielfältigen schädlichen und unerträglichen Folgen nicht in Frage.

Aber auch die unkoordinierte Wirtschaftsentwicklung bringt für den einzelnen wie für die Allgemeinheit unerträgliche Auswirkungen mit sich. Daraus wird deutlich, wie wichtig ein intensives, umfassendes und vielseitiges Bemühen des Staates um die Koordination der einzelwirtschaftlichen Entscheidungen zwischen den Unternehmen und um ihre Abstimmung mit den öffentlichen Zielsetzungen ist. Nicht nur auf zentraler Ebene, sondern ebenso auf der Ebene regionaler Strukturpolitik sind neue Formen der zwanglosen Kooperation zwischen staatlichen Instanzen, Unternehmen und Gewerkschaften zu entwickeln. Dabei sollte für uns die Einsicht maßgebend sein, daß gegenüber einem Staat, der seine Koordinationsmängel überwindet, der weiß, was er wirtschaftspolitisch will und der sein Instrumentarium konsequent und wirksam einzusetzen vermag, nur wenige Unternehmen noch geneigt sein werden, Kooperation und Verständigung zu verweigern.

3. Beschlüsse zur Investitionslenkung auf dem 10. Ordentlichen DGB-Bundeskongreß in Hamburg vom 25. bis 31. 5. 1975

Antrag 58 der IG Chemie-Papier-Keramik

Betr.: Investitionslenkung

In einigen Sektoren der Volkswirtschaft besteht eine ständig wiederkehrende Tendenz zu Überkapazitäten. In diesen Sektoren – vor allem jenen mit homogener Massenproduktion – hängt die Vermeidung von Überkapazitäten in einem besonderen Maße von einer planvollen, koordinierten Erweiterung der Branchenkapazitäten ab. Um dies zu erreichen und einen ruinösen Investitionswettkampf zu vermeiden, werden für diese Sektoren Branchenausschüsse gebildet, in denen Vertreter von Arbeitgebern, Arbeitnehmern und Öffentlicher Hand die konjunkturellen und strukturellen Probleme des Sektors erörtern. Durch Investitionsmeldepflicht für diese Sektoren wird zunächst die Informationsbasis verbessert. Ergeben sich bei Gegenüberstellung von Angebots- und Nachfrageentwicklung mögliche Fehlentwicklungen (Überkapazitäten), dann warnt der Ausschuß vor dieser Entwicklung. Zeigen die Warnungen keine Wirkung, empfiehlt der Ausschuß den Einsatz staatlicher Instrumente (Streichung von Investitionsbeihilfen, steuerliche Maßnahmen etc.).

Im Gegensatz zu einem ruinösen Investitionswettkampf, der zu weiterer Konzentration führt, ist die so verfolgte Kapazitätskoordination weniger wettbewerbsfeindlich. Sie verringert vor allem eine infolge wiederkehrender Überkapazitäten ständig vorhandene Gefahr von Massenentlassungen.

Die vielfältigen konjunkturellen regionalen und sektoralen Schwierigkeiten und vor allem eine permanente Bedrohung des Vollbeschäftigungsziels machen einen umfassenden indikativen, indirekten Lenkungsansatz notwendig. Im Mittelpunkt eines solchen Lenkungskonzepts steht ein langfristiges Infrastrukturprogramm des Staates (Bundesentwicklungsplan) und ein regional und sektoral aufgegliederter Rahmenplan über die künftige Struktur unserer Volkswirtschaft. Dieser auf Status-quo-Prognosen über die strukturelle Entwicklung aufbauende Rahmenplan hat für die privaten Investoren Orientierungscharakter; er ist ein unverzichtbares Element für den Einsatz der heute unkoordiniert und unsystematisch eingesetzten staatlichen Instrumente. Zu diesen indirekt wirkenden Instrumenten zählen: Investitionsbeihilfen, Produktions- und Umweltschutzauflagen, steuerliche Anreize usw. In einzelnen, besonders begründeten Fällen wären auch Produktionsverbote denkbar. An der Erarbeitung eines solchen Rahmenplans müßten die Gewerkschaften ausreichend beteiligt sein.

Soweit es die vorhandenen wirtschaftspolitischen Instrumente gestatteten, hat die Bundesregierung die im Gefolge der Ölpreiskrise aufgetauchten Probleme im internationalen Vergleich optimal gelöst. Die Schwierigkeiten in einzelnen Sektoren der Volkswirtschaft haben jedoch deutlich gemacht, daß eine planvolle, vorbeugende sektorale und regionale Strukturpolitik fehlt. Insoweit muß das vorhandene Instrumentarium ergänzt werden. Die Delegierten halten den in Übereinstimmung mit dem DGB-Grundsatzprogramm stehenden Rahmenplan für eine entscheidende Ergänzung.

Antrag 59 der IG Metall

Betr.: Strukturpolitik und Investitionslenkung

Die Wirtschaftsentwicklung der Bundesrepublik ist gekennzeichnet durch

- wachsende beschäftigungs-, preis- und strukturpolitische Fehlentwicklungen,
- Grenzen der sogenannten marktwirtschaftlichen Selbstheilungskräfte und der Globalsteuerung bei dem Versuch, die Ziele der Vollbeschäftigung und größerer Preisniveaustabilität nebeneinander zu verwirklichen;
- zunehmenden Widerstand der Unternehmer, ihrer Verbände und ihrer Interessenvertreter im Lager des politischen Kon-

servatismus gegen eine konsequente Politik gesellschaftlicher Reformen im Interesse der Arbeitnehmer;
- vermehrte Anstrengungen, vorhandene wirtschaftliche Schwierigkeiten auf Kosten der Arbeitnehmer und ihrer Gewerkschaften, insbesondere durch verschärften Druck auf die gewerkschaftliche Tarifpolitik, zu bekämpfen.

Der 10. Ordentliche Bundeskongreß des DGB unterstreicht nachdrücklich, daß Parlamente und Regierungen für die schrittweise Verwirklichung der konjunkturpolitischen, strukturpolitischen und reformpolitischen Ziele gegenüber den Kapitalinteressen mehr Handlungsspielraum brauchen. Dafür ist eine bessere Koordinierung und Ergänzung des wirtschaftspolitischen Instrumentariums nötig. Angesichts des maßgeblichen Einflusses von Art und Umfang der Investitionen auf die Konjunkturlage und die zukünftige Entwicklung der Volkswirtschaft kommt Maßnahmen der Investitionslenkung im Sinne des DGB-Grundsatzprogrammes von 1963 eine besondere Bedeutung zu. Der 10. Ordentliche Bundeskongreß des DGB fordert alle verantwortlichen Politiker, Parlamente und Regierungen auf, die hierfür notwendigen Grundlagen und Voraussetzungen zu schaffen. Es sind dies vor allem:

1. Eine bessere Übersicht über die voraussichtliche und gewollte wirtschaftliche Entwicklung sowie über die Wirkung vorhandener wirtschaftspolitischer Instrumente und Maßnahmen. Hierzu gehören:

- ein volkswirtschaftlicher Rahmenplan im Sinne des DGB-Grundsatzprogramms;
- in Verbindung damit die Veröffentlichung laufender Bedarfs- und Nachfragevorausschätzungen für die einzelnen Wirtschafts- und Industriezweige mit dem Ziel, den Wirtschaftsbereichen und Einzelwirtschaften Orientierungshilfen für ihre eigenen freien Entscheidungen zu geben;
- eine systematische Bestandsaufnahme der vorhandenen Instrumente und Maßnahmen zur Beeinflussung der Investitionstätigkeit sowie die Prüfung ihrer wirtschafts- und verteilungspolitischen Wirkungen in der Vergangenheit.

2. Eine bessere Koordinierung und Ergänzung des Instrumentariums der sektoralen Strukturpolitik:

Ziel der sektoralen Strukturpolitik ist es, Überkapazitäten und Engpässe vor allem in solchen Wirtschaftszweigen zu vermeiden, die für die Beschäftigungslage der Arbeitnehmer und für die Versorgung der Bevölkerung besonders wichtig sind.

Schon heute beeinflußt die sektorale Strukturpolitik den Umfang der Investitionen auf mannigfaltige Weise. Dies geschieht in der Regel mittelbar, vor allem in der Form von Subventionen, öffentlichen Aufträgen, staatlicher Finanzierung von Forschungs- und Entwicklungsvorhaben sowie durch öffentliche Unternehmen. Derartige Steuerungsmaßnahmen werden auch im Rahmen einer verbesserten sektoralen Investitionslenkung ihren Wert behalten. Es wird jedoch zu prüfen sein, inwieweit sie im Bedarfsfall durch unmittelbare Einwirkungsmöglichkeiten zu ergänzen sind. Dies kann grundsätzlich auf doppelte Weise geschehen, nämlich

- einmal über öffentliche Auflagen für die Inanspruchnahme staatlicher Mittel (z. B. Schaffung von Dauerarbeitsplätzen);
- zum anderen über öffentliche Beteiligungsrechte im Zusammenhang mit der Inanspruchnahme staatlicher Mittel (z. B. in der Luft- und Raumfahrtindustrie).

3. Eine bessere Koordinierung und Ergänzung des Instrumentariums der regionalen Strukturpolitik:

Ziel der regionalen Strukturpolitik ist die Angleichung der Lebensverhältnisse in den Regionen.

Schon heute wird der Standort der Investitionen über Maßnahmen der regionalen Strukturpolitik auf mannigfaltige Weise beeinflußt. Dies geschieht in der Regel über direkte positive Anreize für die Investitionstätigkeit, z. B. in der Form von Investitionszulagen, Darlehen, Zinszuschüssen oder Bürgschaften. Derartige Steuerungsmaßnahmen werden auch im Rahmen einer verbesserten regionalen Investitionslenkung ihren Wert behalten.

Sie müssen jedoch im Bedarfsfall auf doppelte Weise ergänzt werden, nämlich

- einmal durch Infrastrukturinvestitionen in den Fördergebieten. Sie müssen vor allem auf die Versorgung der Bevölkerung durch Sozialinvestitionen (Wohn-, Bildungs-, Gesundheits- und Freizeiteinrichtungen) zugeschnitten sein. Dadurch werden zugleich die Ansiedlungsbedingungen für Privatinvestoren verbessert;
- zum anderen durch Maßnahmen zur Verhinderung unerwünschter Investitionen in Verdichtungsgebieten, die den Zielen der regionalen Strukturpolitik und der Raumordnung widersprechen.

4. Mehr und strengere Maßnahmen gegen die Schädigung der Umwelt durch private Investitionen:

Schon heute gibt es zahlreiche Maßnahmen der staatlichen Wirtschaftspolitik, aber auch Aktivitäten der gewerkschaftlichen Tarifpolitik, mit denen die Qualität der Investitionen beeinflußt wird.

Das DGB-Umweltprogramm nennt z. B. eine Vielzahl von Maßnahmen der Investitionslenkung, mit denen negative Rückwirkungen der privaten Investitionstätigkeit auf die Lebensbedingungen der Bevölkerung zu vermindern sind. Der 10. Ordentliche Bundeskongreß des DGB stellt sich mit Nachdruck hinter diese Forderungen.

5. Überprüfung von Einflußbereich und Funktion öffentlicher und gemeinwirtschaftlicher Unternehmen bei der Verwirklichung der konjunktur-, struktur- und reformpolitischen Ziele eines gewerkschaftlichen Konzepts der Investitionslenkung:

Das DGB-Grundsatzprogramm hebt die entscheidende Bedeutung des Gemeineigentums an seinen verschiedenen Formen, besonders auch als Lenkungs- und Steuerungsmittel der Wirtschaft hervor.

Angesichts denkbarer Widerstände des privaten Kapitals gegen eine stärkere Verpflichtung der privaten Investitionstätigkeit auf gesellschaftliche Zielsetzungen ist es notwendig, die Funktionen öffentlicher und gemeinwirtschaftlicher Unternehmen im Wettbewerb mit privatwirtschaftlichen Organisationsformen besser zu verdeutlichen.

Politische Parteien und die Wissenschaft werden aufgefordert, diesem Problemkreis verstärkte Aufmerksamkeit zu widmen. Dabei sollten folgende Überlegungen im Vordergrund stehen:

- Ergänzung bzw. Ersatz der privaten Investitionstätigkeit in Bereichen geringerer privatwirtschaftlicher Rentabilität, aber hohen gesellschaftlichen Nutzen (z. B. Infrastruktur-Investitionen);
- öffentliche Kontrolle bzw. öffentliche Aktivitäten in Bereichen, die eine Schlüsselstellung bei der Sicherung der industriellen Produktion und der Versorgung der Bevölkerung einnehmen (z. B. Energiesektor);
- Mobilisierung des Wettbewerbs in hochkonzentrierten Wirtschaftszweigen, in denen der Mißbrauch privater Macht droht.

Ziel eines Konzepts der Investitionslenkung muß es sein, Fehlleitungen von Kapital und Arbeitskraft zu vermeiden. Autonome einzelwirtschaftliche Investitionsentscheidungen ohne hinreichende Abstimmung durch die öffentlichen Hände verfehlen dieses Ziel. Dafür gibt es vor allem zwei Gründe:

Zum einen führt das unkoordinierte Nebeneinander einzelwirtschaftlicher Investitionsentscheidungen und -planungen zu Überkapazitäten bzw. Engpässen. An der Vermeidung solcher Störungen müssen Staat, Unternehmer und Gewerkschaften gleichermaßen interessiert sein. Schon eine bessere Transparenz durch die Offenlegung der unternehmerischen Investitionspläne in der Großwirtschaft wäre ein Fortschritt.

Der 10. Ordentliche Bundeskongreß des DGB fordert die Bundesregierung auf, eine öffentliche Investitionsmeldestelle einzurichten, die über Investitionen von Großunternehmen und -konzernen rechtzeitig und vollständig zu unterrichten ist. Meldepflichtig sollen alle Unternehmen bzw. Konzerne sein, die zwei der drei folgenden Kriterien erfüllen: Mindestens 2000 Beschäftigte, 75 Millionen DM Bilanzsumme, 150 Millionen DM Jahresumsatz. Die Daten sind zu veröffentlichen.

Zum anderen ergeben sich Fehlentwicklungen auf gesamtwirtschaftlicher Ebene durch den Gegensatz zwischen privaten

Gewinnzielen und gesellschaftlichen Reformzielen im weitesten Sinne. Soweit die Steuerung von Produktion und Absatz durch die Gewinne die Verwirklichung von Reformzielen beeinträchtigt oder gar unmöglich macht, müssen neue Kriterien, Maßstäbe und Lenkungsmechanismen gefunden werden.

Der 10. Ordentliche Bundeskongreß des DGB ist überzeugt, daß die Verwirklichung seiner Forderungen zur Investitionslenkung einen Beitrag auf dem Wege zu einer Gesellschaft der sozialen Gerechtigkeit und zu wirtschaftlichem Fortschritt darstellen wird. Er beauftragt den DGB-Bundesvorstand, in Zusammenarbeit mit den Einzelgewerkschaften, weitere Überlegungen zu den theoretischen Grundlagen, zur praktischen Anwendbarkeit und zur politischen Durchsetzbarkeit eines Konzepts der Investitionslenkung anzustellen. Dabei werden folgende Bedingungen zu beachten sein:

- Nicht nur marktwirtschaftlicher Wettbewerb und unternehmerische Initiative sind wichtige Elemente einer dynamischen Wirtschaft. Es kommt auch darauf an, „eine Beeinflussung der privatwirtschaftlichen Rahmenplanung zu erreichen, ohne die letzte Entscheidung über Art und Umfang der Investitionen aus dem Bereich des einzelnen Unternehmens herauszunehmen" (Grundsatzprogramm des DGB).
- Wesentliches Merkmal einer demokratischen Gesellschaftsordnung sind unabhängige Gewerkschaften, Unantastbarkeit des Streikrechts und der Tarifautonomie. Der 10. Ordentliche Bundeskongreß des DGB sieht in der Ausweitung des wirtschaftspolitischen Instrumentariums eine Voraussetzung für die Sicherung der Tarifautonomie und betont gleichzeitig die Entschlossenheit der Gewerkschaften, sich allen Anschlägen auf die Tarifautonomie mit geeigneten Mitteln zu widersetzen.

In einer Ergänzung des wirtschaftspolitischen Instrumentariums im Sinne dieses Antrages unter demokratischer Beteiligung auch der Arbeitnehmer und ihrer Organisation sieht der 10. Ordentliche DGB-Bundeskongreß die sinnvolle Alternative

- zu privater Wirtschaftsplanung in der autonomen Regie von Großunternehmen und -konzernen;

– zu staatlicher Planwirtschaft in der autonomen Regie von politischen Bürokratien.

Antrag 60 des Landesbezirks Hessen

Betr.: Ausbau des strukturpolitischen Instrumentariums

VI. Gesamtwirtschaftliche Mitbestimmung der Arbeitnehmer

Auf den Ebenen der Regionen, der Länder und des Bundes sind als Gremien gesamtwirtschaftlicher Mitbestimmung Wirtschafts- und Sozialräte zu errichten. Diesen paritätisch aus Arbeitnehmern und Unternehmern besetzten Wirtschafts- und Sozialräten sind u. a. Aufgaben in der Regionalplanungs- und Strukturpolitik zu übertragen. Die Fortentwicklung des Kammerwesens ist dagegen für die Gewerkschaften nicht annehmbar.

4. Äußerungen führender DGB-Repräsentanten und Politiker zur Investitionslenkung auf dem 10. Ordentlichen DGB-Bundeskongreß in Hamburg vom 25. bis 31. 5. 1975

1. *Heinz O. Vetter:*

Grundsatzreferat „Herausforderung und Antwort – Die Gewerkschaften im letzten Viertel des 20. Jahrhunderts“

...

Eine entscheidende Frage ist, ob, wo und inwieweit sich der Staatseinfluß zu Lasten des Marktmechanismus verschieben muß. Es gilt, soziale Verzerrungen zu verhindern, ohne die Dynamik der Wirtschaft zu bremsen. Ein wesentliches Instrument dafür ist die Investitionslenkung. Zahllose Fehlentscheidungen privater Unternehmer, deren Folgen in erster Linie den Arbeitnehmern aufgebürdet wurden, haben diesem Thema in den letzten Jahren ein eigenes Gewicht gegeben. In den Zeitungen ist unsere durchaus pragmatische Konzeption oft dramatisiert worden. Wir haben jedoch kein neues Dogma im Sinne.

Niemand denkt an den Aufbau einer Mammutbürokratie, die den Unternehmen die Details ihrer Investitionen vorschreibt. Die Marktwirtschaft soll keineswegs durch eine zentrale Planwirtschaft ersetzt werden. Wir suchen einen dritten Weg zwischen privater Wirtschaftsplanung und staatlicher Planwirtschaft. Die Nachteile beider wollen wir verhindern, ihre Vorzüge zu einer optimalen sozialen Wirtschaftspolitik verdichten.

Gerafft dargestellt: Die Voraussetzung jeder wirksamen Investitionslenkung ist die Information; dazu der volkswirtschaftliche Rahmenplan, die Bedarfs- und Nachfragevorausschätzung und die Bestandsaufnahme der vorhandenen Instrumente zur Beeinflussung der Investitionen und ihrer Wirkung.

Zum zweiten geht es uns um eine optimale Koordinierung der sektoralen und regionalen Strukturpolitik. Zwar haben wir auf diesem Gebiet bereits staatliche Einflüsse in Form von Subventionen und öffentlichen Aufträgen sowie die Finanzierung von Forschungs- und Entwicklungsvorhaben.

Diese Maßnahmen müssen durch öffentliche Auflagen für die Inanspruchnahme staatlicher Mittel ergänzt werden; beispielsweise um Dauerarbeitsplätze zu schaffen. Gezielte Infrastruktur-Investitionen oder die Verhinderung unerwünschter Investitionen etwa in Verdichtungsgebieten sind andere Möglichkeiten lenkender Eingriffe. Investitionsmeldestellen oder koordinierende Branchenausschüsse sind wirtschaftlich sicherlich sinnvoller als ein ruinöser Investitionswettkampf, der zur Konzentration führt und Arbeitplätze aufs Spiel setzt.

Liebe Kolleginnen und Kollegen! Einen wesentlichen Beitrag zur Erfüllung der Aufgaben, die sich hier stellen, könnten die Wirtschafts- und Sozialräte im Bund, in den Ländern und Regionen leisten. Bis jetzt aber hat der Gesetzgeber keine Initiative ergriffen, um diese von uns geforderten neuen Institutionen zu errichten. So konnte eine vernünftige Möglichkeit der gesamtwirtschaftlichen Mitbestimmung zur Lösung von Konflikten in Wirtschaft und Gesellschaft bisher nicht wahrgenommen werden.

2. *Karl Hauenschild, IG Chemie–Papier–Keramik:*

...

Ich glaube, daß das Thema Investitionen überhaupt – ob man das Investitionslenkung nennt oder wie auch immer – praktischer Lösungen bedarf und daß es politisch durchsetzbarer und politisch realisierbarer Lösungen bedarf.

...

Und ich habe gelegentlich den Eindruck, daß man nein zu Investitionslenkungs- und -kontrolltheorien sagt, die nicht wir erfunden haben, sondern die von anderen auf den Markt gebracht worden sind.

Ich halte es zum Beispiel – um einige dieser Theorien hier stichwortartig anzudeuten – für einen frommen Wunsch, an eine Art vordemokratischer oder vordemokratisierte Bedarfsermittlung unter den Verbrauchern zu denken. Ich halte es für einen frommen Wunsch, die Verbrauchsentwicklung plebiszitär zu ermitteln.

...

Es ist auch einige Wahrheit in dem Einwand, der heute auch wieder gebracht wurde, daß Investitionsbürokratien oder Investitionsbürokraten vor Fehlentscheidungen soviel oder sowenig geschützt sind wie etwa die Investitionsplanungsbüros der privaten Unternehmen.

Und deshalb wollen wir auch – das ist auch in dem Antrag nicht zu erkennen, daß wir das wollen – keine Verbürokratisierung der Investitionsentscheidungen. Wir wollen auch – das habe ich gesagt – keine Verbraucherabstimmungen darüber, was Verbraucher morgen oder übermorgen gerne haben möchten.

...

Auch die wirtschaftliche Mitbestimmung würde durch eine bessere Koordinierung und durch bessere Lenkungsmechanismen, wie sie im Antrag 58 vorgesehen sind, überhaupt nicht berührt. Aber die Mitbestimmungsträger auf Arbeitnehmerseite bekämen ganz sicher zusätzliche Entscheidungshilfen und keine zentralen Weisungen. Wenn sie diese Entscheidungshilfen bekämen, dann blieben sie zunächst einmal in ihren Entscheidungen genauso frei, wie die Anteilseigner freibleiben. Aber ihre Verantwortung, wenn sie Entscheidungshilfen in den Wind schlagen, und das Risiko, zur Verantwortung gezogen zu werden, würden selbstverständlich größer.

Aber das ist kein Effekt, den man verneinen muß, sondern das ist ein Effekt, zu dem man ja sagen muß. Das heißt, wenn sich jemand gutwillig oder leichtfertig gegen vorhandene und erhaltbare Informationen anders entscheidet, dann hat er dafür nachher auch einen höheren Grad von Verantwortung zu tragen.

3. *Eugen Loderer, IG Metall:*

...

Tatsache ist jedoch, daß wir bereits in dem Grundsatzprogramm es unmißverständlich abgelehnt haben, die letzte Entscheidung über Art und Umfang der Investitionen aus dem Bereich des einzelnen Unternehmens herauszunehmen, und an dieser Feststellung hat sich bis zur Stunde nicht das geringste verändert.

Tatsache ist, daß die Verfügungsgewalt andererseits über Investitionen in immer weniger Händen zusammengefaßt wird. Genauso wie die Vermögenspolitik. Im Jahre 1970 verfügten weniger als 2 % der Unternehmen über mehr als 56 % aller Anlageinvestitionen in der Industrie. Kolleginnen und Kollegen, man kann diesen Zustand getrost als private Planwirtschaft bezeichnen.

Der vorliegende Antrag der IG Metall gliedert sich in drei Stufen. Die erste Stufe bildet die Forderung an die Politiker, Parlamente und Regierungen, die Grundlagen und Voraussetzungen für eine schrittweise Verwirklichung unserer konjunktur- und gesellschaftspolitischen Zielsetzungen zu schaffen. Eine Reihe von Instrumenten wird ja schon eingesetzt bzw. praktiziert, so die Anzeigepflichten im Baurecht oder die Landschaftsschutzmaßnahmen, die Investitionsauflagen des Gewerberechtes und des Umweltschutzes und eine ganze Reihe anderer.

...

Die zweite Stufe des vorgelegten Konzeptes bildet die Forderung nach mehr Transparenz, nach einer besseren Übersicht über die geplanten Investitionsentscheidungen im privaten und im öffentlichen Bereich. Es muß doch davon ausgegangen werden, daß ein unkoordiniertes Nebeneinander von einzelwirtschaftlichen Investitionsentscheidungen zu Überkapazitäten hier und zu Versorgungsengpässen dort zu führen droht. Das ist aus ökonomischer Sicht gefährlich, weil es zur Vergeudung produktiver Kräfte führt. Es ist aus sozialer Sicht deshalb gefährlich, weil es zu Arbeitslosigkeit und damit existentieller Gefährdung von Tausenden und Abertausenden von Arbeitnehmern, ja sogar von ganzen Regionen führen muß.

Hier halten wir die Schaffung eines neuen Instrumentariums für zweckmäßig. Wir verlangen die Errichtung einer öffentlichen Investitionsmeldestelle. Sie soll über die Investitionen von Großunternehmen und Konzernen rechtzeitig und umfassend unterrichtet werden. Ein solches Informationssystem liegt nach unserer Überzeugung nicht nur im Interesse der Arbeitnehmer und der Gewerkschaften, sondern auch im Interesse der öffentlichen Hände und der Unternehmer selbst.

Man muß auch zu dem, was der Bundeskanzler eben sagte, noch einiges anfügen, und ich bin der Meinung des Kollegen Hauenschild, es wäre sicher gut gewesen, hier diese Debatte gemeinsam zu führen. Sicher kann man die Ansicht des Kanzlers teilen, wonach die Vorhersehbarkeit zweifellos mit viel Schwierigkeiten und Ungenauigkeiten ausgestattet ist. Aber eines muß doch in diesem Zusammenhang richtig bleiben: denn mehr Informationen und mehr Übersicht, die durch eine zentrale Investitionsstelle oder Meldestelle zweifellos zusammenkommt, wird in jedem Falle das Lenken, das Planen und das Entscheiden nicht erschweren, sondern erleichtern.

In der dritten Stufe schließlich handelt es sich um ein politisches Problem, und ich frage, welchen Interessen Investitionen der Großwirtschaft zu dienen haben. Es muß davon ausgegangen werden, daß diese Gesellschaftsordnung durch einen fundamentalen Interessengegensatz zwischen den Bedürfnissen der arbeitenden Mehrheit und der besitzenden Minderheit gekennzeichnet ist. Und dementsprechend existiert auch und gerade in der Investitionspolitik der Widerspruch zwischen privaten Gewinnzielen und gesellschaftlichen Reforminteressen in weitestem Sinne fort.

4. *Helmut Schmidt, Bundeskanzler:*

...

Eines scheint mir ganz sicher: Unser Blick für die strukturellen Probleme unserer Volkswirtschaft ist durch die Welterdölkrise, durch die Weltrezession, durch manche der von dort her ausgelösten Folgen allseitig geschärft worden. Und ich begrüße ausdrücklich, wenn die Gewerkschaften mithelfen, das wirtschaftspolitische Instrumentarium auf seine Effizienz, auf seine Wirksamkeit, auf seine Brauchbarkeit hin abzuklopfen, Vorschläge zu erarbeiten, die eine bessere Steuerung ermöglichen sollen. Und ich halte es für notwendig, daß wir prüfen, ob wir und wie wir unsere Konjunkturpolitik der kurzen Frist ergänzen könnten durch eine effektivere Strukturpolitik der langen Frist. Denn gewiß ist es richtig, daß unsere Arbeitsplätze und unser Wohlstand, Produktivität und Realeinkommen in gleicher Weise um so sicherer bleiben, je besser es uns gelingt, die Strukturen unserer Wirtschaft langfristig an die zukünftigen Erfordernisse der Weltwirtschaft und die zukünftigen eigenen deutschen Bedürfnisse anzupassen. Ich gebe zu bedenken, daß bis heute niemand das zentrale Problem, das sich dabei praktisch stellt, gelöst hat, nämlich das Problem, das beschlossen liegt in der relativ geringen Vorhersehbarkeit der künftigen Entwicklung der Nachfrage in den einzelnen Branchen und Sektoren, der geringen Vorhersehbarkeit zukünftiger Produktionstechniken – heutzutage nennt man das auf Neuhochdeutsch „Technologien", es ist aber dasselbe –, der geringen Vorhersehbarkeit der politischen Entwicklung im Ausland und insbesondere der geringen Vorhersehbarkeit der Nachfrageentwicklung im Ausland und auf den Weltmärkten. Wenn VW die Nachfrageentwicklung auf ausländischen Märkten richtig vorhergesehen hätte, wäre manches so nicht passiert.

Ich warne davor, auf diesem Felde des Vorhersagens und Vorhersehens – und Strukturpolitik muß ja nicht über ein Jahr vorhersehen, sondern über fünf, sieben, zehn Jahre, solange wie die Investitionen leben und sich amortisieren und verzinsen sollen, die dann zu Produktion führen –, ich warne davor, zu meinen, staatliche Stellen seien dazu besser befähigt als Gewerkschaften oder als Unternehmensleitungen.

Nach meiner Vorstellung – ich sage das ja nicht ohne jede Erfahrung – ist die Aufstellung von sektoralen Investitionszielen durch den Staat noch auf lange Zeit sehr viel problematischer als die nur für ein einziges Jahr aufgestellten allgemeinen Konjunkturziele etwa durch den sogenannten Sachverständigenrat. Und da kann man weiß Gott sehen, wie oft und wie weitgehend er sich geirrt hat bei nur einjährigen Prognosen.

...

Das Vorhersagen konjunktureller Entwicklungen, das Setzen konjunkturpolitischer Ziele für 12 Monate ist jedenfalls sehr viel leichter als das Setzen strukturpolitischer Ziele – je umfassender sie werden, um so gefährlicher wird's – für längere Zeiträume von 5, 6, 7, 10, 12 Jahren.

5. *Dr. Hans Friderichs, Bundesminister für Wirtschaft:*

...

Lassen Sie mich mal einen Augenblick alle ordnungspolitischen Grundsatzbedenken oder -aspekte beiseite schieben, dann bleibt die Frage übrig: Was ist eigentlich konkret machbar? Wie können strukturelle Veränderungen durch investitionslenkende Eingriffe im voraus gesteuert werden? Das ist doch die Frage, wie Sie sie stellen, die wir uns natürlich auch stellen. Und ich muß fragen: Wer hätte zum Beispiel in den 60er Jahren den jetzigen Dollarkurs und damit die Wettbewerbsrelation zu Standorten im Dollarraum voraussehen können?

...

Lassen Sie mich aber als Wichtigstes sagen: Wer soll über die Rangfolge der Bedürfnisse der Menschen entscheiden? – Hier sind wir uns hoffentlich einig, daß dies nicht Dritte tun dürfen, weder der Staat noch Organisationen, sondern daß über die Bedürfnisse die Menschen selbst zu entscheiden haben. Aber ich habe auch mit Freude die sehr differenzierten Formulierungen zu dem Stichwort „Investitionslenkung" festgestellt, das an sich ja ein Globalbegriff ist und von extremem Eingriff bis zu marktkonformen Maßnahmen reicht.

Hier können wir nur anbieten, die Diskussion zu führen. Es ist ein Problem, das wir auch im Detail sehen müssen.

...

Wenn Sie sich dazu durchringen, dieses Instrument zu befürworten, was ich annehme, habe ich eine Sorge: Wehe, wenn wir für ganze Sektoren der Wirtschaft falsche Prognosen bekommen!

Und wenn wir sie veranlassen, sich gleichförmig zu verhalten, dann geht es allerdings in größeren Dimensionen daneben, oder Sie können auch sagen, dann kriegen wir die Kumulation der Risiken. Daher meine reservierte, Sie können auch sagen: mehr als reservierte Haltung dazu. Aber das soll man aussprechen und nicht mit Freundlichkeiten darum herumreden.

Unabhängig von der Frage der Machbarkeit würde ich gerne noch einen anderen Aspekt ansprechen, den Sie im Gewerkschaftsbereich bedenken sollten. Für mich, meine Damen und Herren, ist die Tarifautonomie ein zentraler und unverzichtbarer Bestandteil unserer Wirtschafts- und Gesellschaftsordnung, und ich sage dies nicht nur, weil die Tarifautonomie in der Verfassung drinsteht. Auch ohne die Verankerung in der Verfassung halte ich die Tarifautonomie für diese Wirtschafts- und Gesellschaftsordnung für unverzichtbar. Aber wer Investitionen zentral steuern will – ich habe mit Freude gelesen, daß da sehr viel differenziertere Ausführungen gemacht worden sind –, der muß Sorge dafür tragen, daß die Kostenentwicklung die Investitionsentscheidungen nicht illusorisch macht, und ein wesentlicher Teil der Kostenentwicklung wird in unserer Wirtschaftsordnung nun einmal auch von den Tarifvertragsparteien bestimmt.

Deswegen habe ich öffentlich gesagt – und dazu stehe ich –: Ich bin gegen Lohnleitlinien, und damit bin ich auch gegen Investitionsleitlinien, weil ich den unmittelbaren Zusammenhang sehe.

...

Lassen Sie mich einen letzten Punkt anschneiden. Ich bin gegen private Investitionskartelle, die den Wettbewerb weitgehend beseitigen.